Elogios a

DESVENDE SUAS EMOÇÕES

"Para qualquer pessoa que tenha aprendido algo inútil ou mesmo nocivo sobre lidar com suas emoções, este livro é sua oportunidade de cura. Minha amiga Jennie o ajudará a parar de simplesmente existir e começar a viver plenamente, à medida que você aprende como suas emoções podem ajudá-lo a se reconectar com o Criador e consigo mesmo."

— **LYSA TERKEURST**, autora best-seller pelo *New York Times* e presidente do Proverbs 31 Ministries

"Observar. Nomear. Sentir. Compartilhar. Escolher. Você carregará essa simples abordagem para o resto de sua vida. A capacidade de Jennie Allen de integrar os melhores ensinamentos da psicologia com a belíssima visão da espiritualidade cristã nos permite ir muito além de 'sentir nossos sentimentos'. Você aprenderá como os sentimentos foram criados para estabelecer conexões — com Deus, com outras pessoas e com nossa própria alma — as mesmas conexões a que todos almejamos. É hora de parar de fugir; as emoções que tememos são o caminho para a alma sadia que todos desejamos."

— **JOHN MARK COMER**, autor de *Practicing the Way*, best-seller do *New York Times*

"*Desvende suas Emoções* é um guia bíblico acessível para qualquer pessoa que esteja enfrentando dificuldades para entender emoções, sejam suas próprias ou as dos outros. Você aprenderá não só a controlar as emoções, mas também a senti-las plenamente — e como as emoções, inicialmente encontradas em Deus, nos abençoam, abençoam os outros e fortalecem Sua igreja."

— **PHYLICIA ASONHEIMER**, fundadora e CEO da Every Woman a Theologian

"Nós, humanos, somos criaturas capazes de controlar as emoções. A emoção é, de fato, o principal componente que nos permite fazer tudo o que fazemos. O problema, naturalmente, é que não estamos familiarizados com nossas emoções e seus propósitos e funções inspirados por Deus, e por isso padecemos de diversas maneiras. Jennie Allen aborda esse problema de maneira vulnerável, calorosa e com senso prático. Em *Desvende suas Emoções,* ela nos oferece um guia útil que nos permitirá estabelecer relações mais verdadeiras com Deus à medida que Ele nos transforma nas pessoas de beleza e bondade que quer que sejamos."

— **CURT THOMPSON**, médico, psiquiatra e autor de *The Deepest Place* e *The Soul of Shame*

"Jennie Allen responde a uma das maiores dúvidas que as pessoas têm atualmente: *O que faço com esses sentimentos?!* Ela é uma excelente conselheira para ajudá-lo a compreender de onde vêm suas emoções, o que fazer com elas e como honrar a Deus ao lidar com tudo o que você sente. São muitas as pessoas que experimentarão uma verdadeira cura e obterão a clareza necessária por meio da leitura deste livro! Ele vale mais do que milhares de horas de terapia."

— **JONATHAN POKLUDA**, pastor e líder da Harris Creek Baptist Church, autor de best-sellers e apresentador do podcast *Becoming Something*

DESVENDE SUAS EMOÇÕES

Outros livros por Jennie Allen

Não ficção

Encontre sua Tribo

Liberte-se da Sua Mente

Nothing to Prove

Made For This

Restless

Stuck

Anything

Série Theolaby para Crianças

I Am Creator

I Am Holy

I Am Rescuer

I Am with You

I Am Forever

JENNIE ALLEN

DESVENDE SUAS EMOÇÕES

DÊ NOME A SEUS SENTIMENTOS E APRENDA O QUE FAZER A RESPEITO DELES

ALTA BOOKS
GRUPO EDITORIAL
Rio de Janeiro, 2025

Desvende Suas Emoções

ISBN: 978-85-508-2585-4

Alta Life é uma Editora do Grupo Editorial Alta Books.

Translated from original Untangle Your Emotions © 2024 by Jennie Allen. ISBN 978-0-593-19341-9. This translation is published and sold by Penguin Random House, the owner of all rights to publish and sell the same. PORTUGUESE language edition published by Starlin Alta Editora e Consultoria Eireli, Copyright © 2025 by STARLIN ALTA EDITORA E CONSULTORIA LTDA.

Impresso no Brasil — 1ª Edição, 2025 — Edição revisada conforme o Acordo Ortográfico da Língua Portuguesa de 2009.

Dados Internacionais de Catalogação na Publicação (CIP)
(BENITEZ Catalogação Ass. Editorial, MS, Brasil)

A51d
1.ed. Allen, Jennie
Desvende suas emoções : dê nome a seus sentimentos e aprenda o que fazer a respeito deles / Jennie Allen ; tradução Vanessa Schreiner. - 1.ed. - Rio de Janeiro : Alta Life, 2025.
224 p.; il.; 15,7 x 23 cm.

Título original: Untangle your emotions.
ISBN 978-85-508-2585-4

1. Comportamento humano - Aspectos psicológicos. 2. Emoções (Psicologia). 3. Sentimentos - Aspectos psicológicos. I. Schreiner, Vanessa. II. Título.

03-2025/19 CDD 158.1

Índice para catálogo sistemático:
1. Emoções : Aspectos psicológicos 158.1
Aline Graziele Benitez - Bibliotecária - CRB-1/3129

Grupo Editorial Alta Books

Produção Editorial: Grupo Editorial Alta Books
Diretor Editorial: Anderson Vieira
Editor da Obra: Ibraíma Tavares
Vendas Governamentais: Cristiane Mutüs
Gerência Comercial: Claudio Lima

Produtor Editorial: Thiê Alves
Tradução: Vanessa Schreiner
Copidesque: Bernando Kalina
Revisão: Denise Himpel
Diagramação: Joyce Matos

ALTA BOOKS
GRUPO EDITORIAL

Rua Viúva Cláudio, 291 — Bairro Industrial do Jacaré
CEP: 20.970-031 — Rio de Janeiro (RJ)
Tels.: (21) 3278-8069 / 3278-8419
www.altabooks.com.br — altabooks@altabooks.com.br
Ouvidoria: ouvidoria@altabooks.com.br

Editora
afiliada à:

Dois anos atrás, conheci um pequeno grupo de pessoas comprometidas em levar uma vida plena. Elas me ajudaram a redescobrir meus sentimentos.

Jess, Linds, James, Mel, Annie, Toni e Dr. C., obrigada por terem ficado ao meu lado. Essas palavras foram escritas, vividas e profundamente sentidas graças à presença de Jesus em minha vida, por intermédio de vocês.

E dar-vos-ei um coração novo, e porei dentro de vós um espírito novo; e tirarei da vossa carne o coração de pedra, e vos darei um coração de carne.
— Ezequiel 36:26

Senhor, queremos que nossos corações sejam plenos, vivos, pulsantes, sensíveis, inteiros, conectados a Ti e uns aos outros. Ajuda-nos.

SUMÁRIO

PARTE QUATRO
abrindo caminho para o futuro

PARTE UM

somos um pouco confusos

1

DE ONDE *ISSO* VEIO?

No ano passado, nossa filha mais velha, Kate, se casou e, sinceramente, no dia da cerimônia, tudo transcorreu como um sonho: o tempo estava maravilhoso, o local era paradisíaco, e para onde quer que eu olhasse, via os rostos de pessoas muito queridas para nós. Cada detalhe foi sensacional. Meu marido, Zac, e eu adoramos nosso genro, Charlie, e aprovamos inteiramente essa união. Tanta expectativa. Tanta gratidão. Tanta *alegria*.

E, então, após o casamento, meu coração foi rapidamente abalado.

Apesar de todos os aspectos positivos do casamento de um filho, há um lado ruim do qual ninguém nos avisa. Porque no momento em que Kate saiu de nosso núcleo familiar — composto por Zac, eu, seus irmãos e irmãs —, ela e Charlie se tornaram uma pequena família de dois.

A *audácia*.

A situação ficou ainda pior.

Kate e Charlie começaram a nos contar sobre os planos absurdos que estavam fazendo, como a maioria das pessoas que estão na casa dos 20 anos, usando palavras como *aventura*, *viagem* e *diversão* — todas palavras que eu disse aos meus pais não faz muito tempo. Certa noite, durante o jantar, minha filha teve a ousadia de olhar para mim e para seu pai e, com toda naturalidade do mundo, dizer uma frase boba que incluía um monte de palavras que eu não ouvi direito e três frases que eu ouvi perfeitamente: "fora do estado" [...] "talvez fora do país" [...] "não para sempre, é claro, só por alguns anos".

Espere. O *quê?*

Uma temporada? De aventura?

Uma temporada de aventura longe de mim?

As paredes da sala de jantar começaram a se fechar, encolhendo o cômodo. Meu peito, que momentos antes parecia adequado para o meu corpo, agora tinha metade do tamanho suficiente para abrigar meu coração. Minhas vias respiratórias se contraíram. Em que inferno de situação eu havia me metido? Minha primeira reação não foi nada sensata; eu percebi isso. Estava ciente, porém havia algo mais importante acontecendo comigo, mais do que dizer as coisas certas.

Eu fingi que estava tudo bem. Esbocei um sorriso. Mantive contato visual com minha filha — *Tranquila, Jennie. Então é isso* — e me concentrei em respirar fundo. Não se tratava de mim, eu sabia disso. Mas também *tinha tudo a ver comigo.*

Por sorte, não tive um colapso naquela noite. Não me debulhei em lágrimas. Não desmaiei, não me exaltei, tampouco desmoronei. Consegui passar por isso ilesa. Mas, nas três semanas seguintes, em conversas casuais com Kate, esse assunto continuou surgindo. E, mais uma vez, meu peito e minhas vias respiratórias me disseram que isso não tinha importância. Não, não: eu sabia que era algo *sério*.

Do ponto de vista racional, eu entendia e queria que Kate e Charlie fossem construir e viver sua própria história linda, seja lá o que isso significasse. Então, por que meu corpo e meu coração não conseguiam acompanhar?

NÃO CONSIGO CESSAR O SENTIMENTO

Permita-me fazer uma pergunta: Você já teve uma reação emocional desproporcional diante de uma situação que não deveria afetá-lo tão intensamente?

Mais uma pergunta: Você já parou para pensar no motivo de ter essa reação?

Há sempre algo por trás de tudo. Não somos criaturas simples. Mesmo aquelas pessoas determinadas a viver uma vida estável e sem muitas emoções fortes são influenciadas por milhões de pequenos instantes que permanecem em nossa memória. Esses momentos definem quem somos, a forma como pensamos e reagimos — e, é claro, como nos sentimos — em determinado momento diante de uma determinada circunstância.

Entre as diversas coisas que tenho aprendido e que quero compartilhar nas próximas páginas, está o fato de que essas reações explosivas contam uma história — sobre algo que vivenciamos. Elas indicam algo que ficou guardado bem no fundo de nosso coração e que ainda não foi resolvido.

Experimentamos algo marcante. E reagimos a essa experiência abafando ou minimizando nossos sentimentos ou, ainda, ignorando-os completamente. Então, outra situação aparece em nosso caminho, algo sem tanta importância, que nos deixa completamente fora de nós. Descarregamos em um ente querido. Criamos uma situação catastrófica. Choramos horrores, até mal conseguirmos respirar.

Depois nos arrependemos do que fizemos.

Por que surtamos?

Por que humilhamos nosso cônjuge?

Por que envergonhamos nosso filho ou gritamos com nosso colega de quarto?

Por que fizemos aquela suposição insana, colocamos a culpa em alguém, ameaçamos e saímos batendo a porta?

Qual foi o motivo de tudo isso? O que há por trás disso?

Resposta rápida: *Muita coisa*, como a ciência e a Bíblia nos mostrarão.

Ao longo do caminho, talvez por coisas que ouvi na igreja ou apenas por ter amadurecido, aprendi que não deveria ficar triste, com raiva ou com medo. Eu deveria me sentir bem, então precisava que você também estivesse bem. Ou talvez seja apenas porque odeio a sensação de perder o controle, por achar esses sentimentos muito assustadores, e me sentir assim era... difícil demais.

Sempre que sinto tristeza, medo ou raiva — emoções que fui condicionada a não querer sentir — meu cérebro imediatamente se mobiliza no sentido de combater o sentimento, da mesma forma que meu sistema imunológico combate um vírus. Ele o ataca, julga-o, condena-o e me diz por que eu não deveria senti-lo. Me diz que tudo vai ficar bem e me dá ordens a respeito do que fazer para finalmente deixar de sentir tristeza, medo ou raiva.

Pior ainda, às vezes, quando você compartilha comigo sua tristeza, medo ou raiva, eu acabo fazendo a mesma idiotice com você.

Sinto muito.

É errado, e eu lamento. **Suas emoções, minhas emoções, não são coisas ruins que precisam ser combatidas.**

A propósito, os sentimentos não podem ser reprimidos. Mesmo que você seja muito bom em reprimi-los, em guardá-los bem lá no fundo de sua mente, a ponto de acreditar que nunca mais os encontrará, posso lhe dizer que eles não somem silenciosamente. As pessoas que o conhecem sabem que eles estão lá. E se você for honesto consigo, também saberá.

Aquela pontada de raiva que você sentiu em relação ao seu pai, o medo de rejeição que sentiu com sua família, as dificuldades que o deixaram exausto na faculdade ou no trabalho, o ciúme que se instala sempre que você está na casa daquele amigo, a mágoa que se manifesta quando você fala sobre o motivo pelo qual ainda não tem filhos, o desespero que sente por dentro toda vez que pensa na pessoa amada que se foi — eu sei que você acredita que guardou todas essas coisas com segurança em uma gaveta para não precisar vê-las nunca mais.

Mas inevitavelmente elas surgem nos momentos mais inesperados, como durante um jantar agradável, quando sua filha está apenas falando sobre realizar sonhos maravilhosos.

Seja qual for a situação desencadeante, em algum momento no dia ou na semana seguinte, ou até mesmo depois disso, quando relembra a situação — e sua reação a ela —, você se pergunta: *Por que diabos eu disse (ou fiz) aquilo?*

Você se pergunta: *Como foi que esses sentimentos me pegaram de surpresa?* Você se pergunta por que eles não jogaram limpo.

E a questão é que eles *foram* justos.

Ou, pelo menos, foram *previsíveis.*

Isso porque esses sentimentos estão entrelaçados com algo bastante real em seu passado ou presente, algo *muito* importante para você, independentemente de você estar ou não pronto para admitir isso.

> Os sentimentos não podem ser reprimidos.
>
> Não podem ser ignorados ou descartados.
>
> Eles estão tentando nos dizer algo.

O MEDO POR TRÁS DO MEDO

Eu queria dar mais atenção para Kate, portanto, nessa busca, fui franca com meu terapeuta sobre o que estava se passando comigo, tanto em meu coração quanto em meu corpo, toda vez que o assunto da partida de minha filha era abordado. Ele perguntou: "Jennie, quando foi que você experimentou pela primeira vez o sentimento que tem toda vez que a Kate fala em se mudar?"

Foi quando me veio à mente uma cena. Isso já aconteceu com você? Eu não estava tentando me lembrar de nada em particular, porém, em um milésimo de segundo, a cena estava lá, exigindo minha atenção.

Eu estava em pé no comprido e frio corredor do hospital, do lado de fora do quarto onde meu marido estava internado, implorando silenciosamente a Deus para poupar sua vida, embora as notícias não fossem nada boas. "Isso não é normal para um ser humano", o médico me disse após analisar os resultados da pressão arterial de Zac. "Humanos não conseguem sobreviver com uma pressão arterial tão absurdamente alta." Meu marido havia sofrido um pequeno derrame e estava com dificuldade na comunicação.

Embora houvesse oito médicos extremamente qualificados e competentes na equipe que estava cuidando de Zac, nenhum deles sabia dizer por que sua pressão arterial continuava subindo.

"Por favor, orem" — essa era a mensagem de texto que eu estava enviando para todos que se importavam conosco, enquanto andava de um lado para o outro naqueles corredores esterilizados.

Por favor, orem.

Por favor, orem.

Por favor, orem.

Por incrível que pareça, consegui me manter emocionalmente estável enquanto Zac estava naquele leito de hospital. Você já ouviu falar da teoria de que o motivo pelo qual entramos em estado de choque quando uma crise ocorre é para evitar que entremos em absoluto colapso?[1] É como se o cérebro ou o corpo (ou uma combinação de ambos) olhasse para a situação e dissesse: "Escute, se não a bloquearmos, ela nunca sairá dessa com vida".

Durante os dias em que Zac permaneceu internado no hospital, minha mente estava tranquila. Minha memória estava afiada. Meus reflexos eram rápidos. E, surpreendentemente, não me deixei abater por meus medos.

Mas existe uma segunda parte dessa teoria sobre o choque preventivo que nos protege nos momentos iniciais de crise: após aproximadamente 48 horas, essa proteção desaparece. Posso comprovar essa parte da teoria, porque no terceiro dia, quando Zac estava voltando para casa, fiquei completamente desorientada.

Seus médicos haviam dado alta para ele não porque ele havia se recuperado, mas porque, exceto por alguns medicamentos, não havia mais nada que pudessem fazer. Sua pressão arterial ainda não estava nem perto de atingir a normalidade, mas, segundo os médicos, levaria tempo, e muito descanso. "Ele é um infarto ambulante", disse um deles sem qualquer traço de compaixão. "Ele precisa descansar até que sua pressão diminua."

Zac sabia disso.

Eu sabia disso.

Mesmo assim, não conseguíamos relaxar.

Como alguém pode ficar *calmo* após receber uma notícia dessas?

Fique tranquilo.

Relaxe.

Mantenha a calma.

Ele repetia isso diversas vezes.

Já eu estava sendo cada vez mais consumida pela ansiedade.

Ele não consegue ficar tranquilo.

Ele não consegue relaxar.

Ele não consegue manter a calma.

Eu me deitava na cama todas as noites ao lado de meu marido, acordando cautelosamente praticamente de hora em hora para colocar a mão em seu peito, sentir sua respiração e seus batimentos cardíacos estáveis, e só então respirar aliviada quando os sentia.

Aquela primeira internação hospitalar resultou em diversas outras, todas interligadas por uma triste sequência de consultas médicas em que Zac foi submetido a exames, avaliações, advertências, orientações e medicamentos.

"Estou bem", insistia Zac sempre que lhe perguntavam, embora ele claramente não estivesse bem.

Em algum momento desse processo angustiante, meu marido olhou para mim como se finalmente tivesse entendido e disse: "Acho que isso é bastante grave".

Ah, SIM.

Você acha?

Enquanto isso, apesar das minhas melhores intenções para bloquear o medo, ele continuava me dominando aos poucos.

Ele vai ficar estressado.

Ele vai ficar estressado e ter um ataque cardíaco.

Ele vai ficar estressado, ter um ataque cardíaco e eu vou ficar completamente sozinha.

E lá estava ele: eu não estava com medo apenas do quadro clínico de Zac. Eu estava com medo de perder meu melhor amigo, a vida que eu conhecia, o responsável por todos nós.

Eu tinha medo de ser deixada... *sozinha.*

MINHA RESPOSTA À pergunta do meu terapeuta — *Qual foi a primeira vez que você teve esse sentimento?* — me ajudou a entender que, sem que eu percebesse essa conexão, sempre que Kate mencionava que se mudaria, que me deixaria, meu cérebro, meu coração, minha alma ou qualquer parte do meu corpo responsável por guardar meus sentimentos, inconscientemente, lembrava aquela primeira internação no hospital e as semanas subsequentes, quando tive certeza de que estava perdendo Zac.

Graças às aventuras temporárias de minha filha, eu me via prestes a ser novamente abandonada. Alguma coisa dentro de mim acreditava que eu não só estava destinada a perder Zac muito em breve, como também perderia Kate. E Charlie, meu novo genro. E muito provavelmente nossos outros três filhos — Conner, Caroline e Cooper. Se a vida adulta implicava a partida de um filho, então todos eles partiriam, certo?

Meu subconsciente começou a imaginar tudo isso durante um tranquilo jantar com Kate, deixando-me sem fôlego.

Sim, todos me abandonariam.

Eu viveria sozinha pelo resto da vida.

Parece um pouco dramático, eu sei. Se tivesse consciência disso na época, eu teria optado, de maneira racional, por não me deixar envolver emocionalmente e me certificar de que não estava perdendo ninguém. Mas, em geral, não é assim que os sentimentos funcionam. Eles surgem com toda sua magnificência, exigindo algo de nós.

Eu estava sendo dominada por um medo que não reconhecia e que não compreendia totalmente.

A questão era: O que eu deveria fazer com ele?

2
CONFUSÃO TOTAL

Quero ressaltar que o simples fato de estar ciente de que o sonho de aventura da Kate estava provocando emoções desagradáveis e de ter parado para pensar no motivo dessa reação foi um grande progresso para mim.

Caso você já tenha lido algum dos meus livros anteriores, é provável que esteja familiarizado com o tema de resolver questões pendentes que está presente em boa parte dos meus textos. Sou uma pessoa que gosta de resoluções. *Adoro* resolver problemas, tanto os meus quanto os dos outros. Gosto de fazer mil perguntas para descobrir o que de fato está acontecendo e, depois, apresentar uma solução útil, nada aterrorizante e baseada em textos bíblicos, para ajudar a pessoa a se libertar. Se a vida é como uma escola, para mim, esse processo é sempre como o intervalo do recreio.

Ajudar as pessoas a resolver problemas foi a principal motivação que me levou a escrever livros e também é o motivo pelo qual fundei a IF:Gathering, uma organização sem fins lucrativos dedicada a ajudar as pessoas a desenvolverem sua fé e conquistarem sua liberdade.

Durante boa parte da vida adulta, sempre gostei muito desse aspecto da minha personalidade e da minha postura. Achava isso maravilhoso! Quer dizer, acho que você concordaria que há demasiados problemas na vida. Afinal, quem não tem ao menos um? E se todos temos muitos problemas, o que poderia ser melhor do que ter um solucionador disponível?

Eu considerava essa minha característica de resolver problemas um dom — um dom espiritual, na verdade. Mas, ao longo dos últimos anos, enquanto tenho estado nessa jornada para desvendar minhas emoções, comecei a enxergar tudo de uma maneira completamente diferente.

A verdade é que estive tão ocupada resolvendo problemas que negligenciei meu lado emocional. Como mencionei anteriormente, sempre que eu experimentava tristeza, medo ou raiva — com efeito, qualquer emoção desagradável —, meu cérebro imediatamente entrava no modo de combate, determinado a afastar o sentimento. Eu alinhava meus pensamentos a fim de combater esse sentimento e então o condenava, justificando para mim mesma por que eu não deveria senti-lo.

Eu era rápida e eficiente.

Afinal, quem precisa ficar se sentindo assim?

Não me permiti sentir o que realmente precisava. Também não dei permissão às pessoas que convivem comigo para sentirem o que realmente sentiam. Acontece que não é possível ter sentimentos quando estamos preocupados em remediá-los.

Reconhecer essa verdade sobre mim mesma levantou algumas questões importantes. Por exemplo, por que sou tão rápida para resolver situações, me adaptar às circunstâncias e mudar meu modo de reagir à vida em geral, em vez de experimentar os sentimentos provocados por essas dinâmicas? Por que sempre passo da fase de avaliação direto para a ação? Por que sou aparentemente avessa à introspecção? O que tenho medo de descobrir?

Você consegue se identificar com isso?

Se me permite ser um pouco presunçosa, eu responderei por você: "Sim, você se identifica — eu sei disso. Tenho certeza de que você também costuma resistir a examinar os *seus* sentimentos".

É característico do ser humano sentir-se tentado a resolver problemas em vez de sentar-se com eles — foi isso que permitiu nossa sobrevivência em eras passadas. Se um javali estivesse atrás de você, seria melhor começar a correr, não é mesmo? Não há tempo para refletir sobre seus sentimentos e pensamentos quando se está tomado pelo medo. Por isso, aprendemos a correr. Aprendemos a fugir e seguimos fugindo. Não paramos para analisar como estamos nos *sentindo* em relação aos acontecimentos do dia a dia; se parássemos, seríamos trucidados pelo javali.

Como já disse, eu valorizava demais essa abordagem de resolver as coisas, algo que eu considerava um aspecto positivo sobre mim mesma.

Mas, nos últimos anos, conforme fui aprendendo a ouvir o que minhas emoções estavam tentando me dizer, descobri uma verdade que transformou completamente minha vida: **os sentimentos não foram feitos para serem remediados; eles foram feitos para serem experimentados.**

Durante muito tempo — tempo demais, para ser sincera — eu não entendia isso. As emoções não me agradavam. Por causa delas, eu ficava enjoada quando estava nervosa ou com medo. Eram o motivo pelo qual eu sentia um aperto no peito ao me lembrar de que o futuro estava fora do meu controle. Eram o motivo pelo qual meus olhos se enchiam de lágrimas sempre que um dos meus filhos falava comigo em um tom ríspido. Se elas eram responsáveis por tanto sofrimento e dor, então por que eu as autorizava a agir como bem entendessem?

Minhas emoções tentavam me dizer algo importante, mas eu achava que elas estavam tentando assumir o controle. E eu não queria deixá-las fazer isso.

Suas emoções não estão tentando controlá-lo; estão tentando lhe dizer algo.

A abordagem de solucionar as coisas me mantinha segura, ou pelo menos era no que eu acreditava. Isso me permitia evitar meus sentimentos para ajudar as pessoas que eu amava a também evitarem os delas. E, por um bom tempo, essa estratégia funcionou. Aprendi a me esquivar da melhor maneira possível. Aprendi a negar como realmente me sentia.

Se alguém no trabalho dissesse algo que me magoava, eu fingia estar bem, mas remoía aquilo todas as noites na cama antes de dormir.

Quando meus filhos chegavam em casa após um dia difícil na escola, em vez de me sentar ao lado deles e ouvir seus lamentos, eu tentava fazê-los pensar nas coisas boas que haviam acontecido.

Quando eu ficava brava com meu marido, preferia fingir que estava tudo bem e seguir com o meu dia, apenas para perder a compostura algumas semanas depois por causa de uma lista de ressentimentos acumulados.

Mesmo quando tinha um dia perfeito com as pessoas ao meu redor, se surgisse alguma alegria ou satisfação, eu sentia um pouco de culpa pelo fato de outras coisas estarem sendo ignoradas e precisarem da minha atenção.

Eu sempre dizia a mim mesma que não deveria me sentir de determinada maneira, e então tentava ignorar tudo e seguir com a minha rotina.

A desvantagem? Ninguém sabia realmente o que estava se passando comigo.

Ninguém — incluindo eu mesma.

NÃO PODEMOS CONTINUAR ASSIM

Há alguns anos, entrei em uma crise emocional e não sabia ao certo como sair dela. Na verdade, esse período serviu como um catalisador que me levou a escrever este livro. Assim como muitas pessoas, passei pela pandemia de covid-19 sem ter certeza de como sobreviver em um mundo tão caótico e imprevisível. Uma noite, olhei para Zac e disse: "Não consigo mais fazer isso. Tem alguma coisa errada. Muito errada. E por mais que eu não saiba explicar, não posso continuar assim".

Eu me sentia anestesiada.

A vida, o trabalho e os filhos exigiam muito de mim, e sobreviver a uma pandemia marcada por inseguranças e incertezas havia nos deixado esgotados. Eu estava cansada, mas...

Não estava brava.

Não estava triste.

Não estava furiosa.

Não estava irritada.

Não estava feliz.

Eu não sentia *nada*. Era isso que estava errado.

Eu me lembro de estar sentada em uma cadeira quase todas as manhãs, sozinha, com a Bíblia aberta no colo. Gosto muito de ler a minha Bíblia. *Sempre* adorei a Palavra de Deus. Mas, enquanto eu ficava ali à espera de uma inspiração, meu coração parecia distante e frio. Sabia que alguma coisa estava errada e que precisava resolver isso, mas parecia impossível desvendar o que estava acontecendo. Sentia um embrulho no estômago. Meu peito ficava apertado. Meus ombros se curvavam para a frente. Geralmente, eu soltava um suspiro profundo. Isso tudo era sinal de que eu não estava conseguindo lidar com minhas emoções, embora não soubesse disso. E o que eu não percebi na época, mas que agora estou começando a entender, é que eu estava em uma situação privilegiada, na presença de Deus, pois o único sentimento que eu parecia ser capaz de expressar era o *desejo* de me curar e evoluir.

SE TODOS ESTÁVAMOS estressados *antes* da pandemia, então agora estamos muito além do estado de esgotamento. Ou nos conformamos em viver anestesiados — "Como estou? Bem! Sério, estou bem, muito bem! Estou bem! Estou ótimo! E você?" —, ou deixamos o controle de nossas vidas a cargo de nossos sentimentos desenfreados e, consequentemente, continuamos esbarrando em tudo. Eu entendo! Entendo mesmo.

Talvez você, assim como eu, costume se fechar sempre que um sentimento começa a surgir. Mas talvez esteja no outro extremo do espectro, experimentando tantos sentimentos a cada minuto que nem consegue imaginar uma maneira de dar sentido a eles. Todos nós sentimos de maneiras diferentes. O que quero dizer com isso é que, onde quer que você se encontre nesse espectro, isso faz sentido. Não somos tão diferentes assim. Temos sentimentos e estamos tentando descobrir o que fazer com eles.

Dois anos atrás, quando senti que meu coração tinha se fechado, decidi que faria qualquer coisa para voltar a ter *sentimentos*, para experimentar novas emoções. Eu não queria apenas sobreviver. Queria sentir. Queria ficar radiante depois de ter uma conversa animada com amigos que adoro. Queria chorar ao ouvir as primeiras batidas de "How Great Thou Art" na igreja. Queria até mesmo sentir emoções de frustração e tristeza, se isso significasse voltar a me sentir humana.

A apatia serve a um propósito por um tempo — é verdade. Da mesma forma que o estado de choque temporário que experimentei quando Zac foi hospitalizado pela primeira vez, ela nos protege de sentir as dificuldades de uma só vez, fazendo com que nos mantenhamos firmes quando há um tsunami de emoções acumuladas em nossas vidas. Ela nos permite ganhar um pouco de tempo nos momentos em que provavelmente não deveríamos estar tomando decisões importantes, quando a melhor coisa a se fazer é esperar.

Muito provavelmente, é por isso que tantas pessoas tiveram problemas psicológicos após a pandemia de covid-19. Afinal, como processar todos os acontecimentos do início de 2020 sem ficar completamente desorientado? Tanta confusão. Medo. Tanta morte. Foi algo impressionante. Ficar anestesiado foi nossa barreira de segurança coletiva, aquilo que impediu que todos ficássemos paralisados simultaneamente.

Como eu disse, esse estado de apatia foi uma *bênção*. Pelo menos por um tempo. Até que se transformou em algo capaz de nos manter isolados de nós mesmos e de nossas emoções, mesmo depois que tudo voltou a funcionar normalmente.

Há alguns anos, descobri que o pregador revivalista do século XVIII, Jonathan Edwards, tinha uma série de resoluções para sua vida. Assim como você ou eu podemos fazer uma promessa de Ano-Novo para guiar nossa conduta ao longo do ano seguinte — ou pelo menos até fevereiro, como a maioria das pessoas faz —, Edwards escreveu promessas para toda a vida, as quais repassava uma vez por semana, para lembrá-lo de quem ele queria ser e da existência que desejava seguir. Havia 70 dessas resoluções, e a sexta era esta: "*Resolvi* viver intensamente, enquanto estou vivo".[1]

Parece um propósito bastante óbvio, não é mesmo? Viver enquanto estamos vivos? Mas você já deve ter percebido como é difícil viver plenamente quando se contenta com a apatia e a indiferença.

Ficar *apático e anestesiado* simplesmente não é viver de verdade.

Se permanecer por muito tempo nessa situação, você sentirá que está perdendo tempo de vida. E ninguém quer isso.

Viver é sentir, e sentir é viver.

Reflita sobre isto: já aconteceu de um membro de sua família lhe contar algo que se passou quando você tinha 2 ou 3 anos e, mesmo tentando muito, você não conseguiu se lembrar desse evento? Afinal, você estava vivo. Estava lá. Essa situação teve impacto nas pessoas que estavam presentes. Mas você não consegue se lembrar dela ou do motivo pelo qual ela foi importante. Por quê? Simplesmente porque essa recordação não está associada a nenhuma emoção para você. As emoções são o modo como experimentamos a vida. É por meio delas que recordamos o que aconteceu.

Os exames neurológicos revelam que as emoções desencadeiam uma resposta direta em uma parte do cérebro chamada amígdala. Segundo os pesquisadores do Queensland Brain Institute, "a amígdala estimula o processo de codificação da memória ao aumentar a atenção e a percepção, e pode ajudar no processo de retenção da memória ao desencadear a liberação de hormônios do estresse, como adrenalina e cortisol, aumentando o estado de excitação".[2] Ou seja, são as emoções que fazem com que os acontecimentos sejam importantes.

Se eu lhe pedisse para descrever um período de sua infância ou juventude no qual você se sentiu triste, chateado, absurdamente feliz, excluído, admirado, decepcionado, com medo ou superconfiante, acredito que você conseguiria elaborar um relato bastante detalhado.

Você começaria a me contar sobre como caiu de patins e machucou o joelho, ou sobre como andou no carrossel do parquinho e ficou observando as nuvens no céu, ou como escutou seus pais discutindo no quarto ao lado sobre o dia em que seu tio Gene disse que iria visitá-los, ou da primeira vez que fez luzes no cabelo e como aquele novo visual fez você se sentir no dia seguinte na escola.

Comece pela emoção, e as lembranças *fluirão.*

Por isso é tão prejudicial para as crianças ignorar, minimizar ou rejeitar completamente seus sentimentos. Viver é sentir, e sentir é viver. No livro *Espiritualidade Emocionalmente Saudável*, o pastor e autor Peter Scazzero escreveu: "Quando negamos nossa dor, nossas perdas e nossos sentimentos ano após ano, nós nos tornamos cada vez menos humanos.

Aos poucos, nos transformamos em conchas vazias com carinhas sorridentes pintadas nelas".[3]

Sem sentimentos, não há vida.

Estou escrevendo este livro não apenas para nos ajudar a sentir novamente, mas também para nos ajudar a começar a viver novamente.

Com o máximo de nossa capacidade, *viver.*

UM OLHAR PARA A SAÚDE EMOCIONAL

Há alguns anos, publiquei um livro intitulado *Liberte-se da Sua Mente* (Alta Life, 2023), no qual explorei detalhadamente o poder que você e eu temos de assumir o controle de nossos pensamentos. Lembro-me de ter ficado entusiasmada com a simplicidade da cognição — a fisiologia, a psicologia e a teologia sobre como pensamos. É um livro sobre a mente, rico em técnicas úteis para que sempre que um pensamento negativo tentasse nos perturbar, pudéssemos nos lembrar da capacidade que Deus nos deu de escolher interrompê-lo e substituí-lo. É um livro que fala de iniciativa. Intencionalidade. *Esperança.* A constatação de que é possível exercer o domínio sobre nossos pensamentos e não ficar à mercê deles proporcionou maior liberdade a inúmeras pessoas, inclusive eu mesma. E defendo cada uma das frases que escrevi. É um excelente complemento para tudo o que será abordado neste livro.

Porém, também é verdade que, enquanto escrevia o livro, eu percebi que existe algo por trás dos pensamentos. Eles não surgem do nada; eles são guiados por aquilo que *sentimos.* Analisar detalhadamente esse conceito não estava no escopo daquele livro, mas é o próximo passo lógico para quem deseja ser livre, íntegro, saudável e estar conectado com as pessoas e com Deus.

Enquanto lê esses capítulos, sugiro que deixe sua mente e seu coração abertos. Permita-se *mergulhar de cabeça* no processo, para aprender a ter uma vida plena, completa e abundante outra vez — ou talvez pela primeira vez.

Quando concebi este livro pela primeira vez, uma imagem me veio à mente. Uma corda longa e contínua, presa em uma forma triangular, ancorada por três figuras posicionadas em cada um dos três pontos: Deus, as pessoas presentes em nossas vidas e que nos amam, e nós mesmos.

A corda era praticamente uniforme de ponta a ponta, lisa e não apresentava nenhum nó.

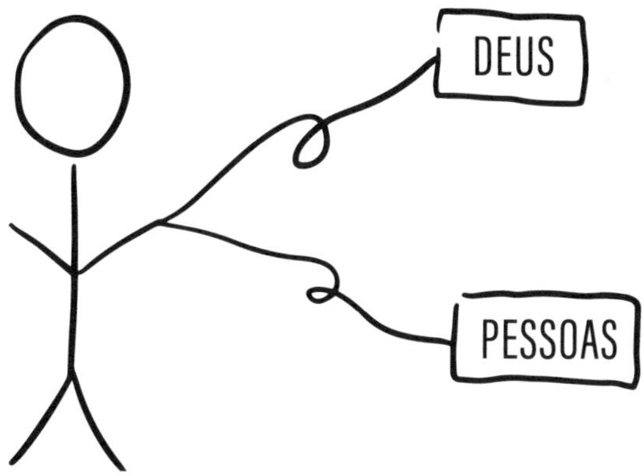

Essa corda era a representação de nossos sentimentos e da maneira como eles devem funcionar. Como exploraremos nas próximas páginas, as emoções servem para nos conectar a Deus, às pessoas e a nós mesmos. Essa imagem, no entanto, é totalmente diferente da maneira como a maioria de nós descreveria nossos estados emocionais interiores: um emaranhado de cordas enosadas no qual ficamos presos.

É assim que nos sentimos de fato:

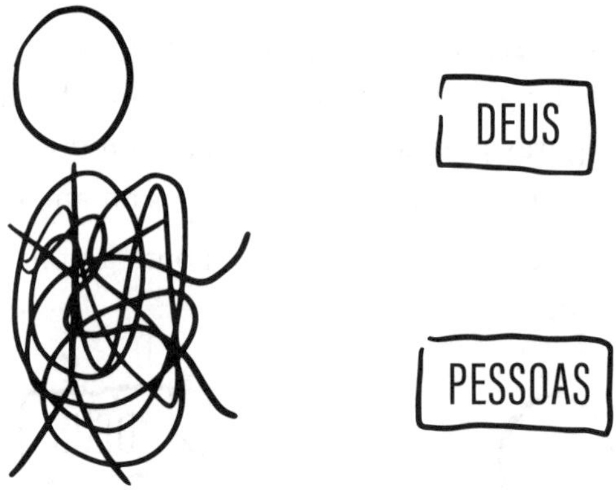

Queremos comunicar nossos sentimentos a Deus para resolvê-los, e tentamos nos conectar intimamente com as pessoas, mas tudo parece uma verdadeira bagunça.

Quero deixar claro que não sou muito fã de coisas emaranhadas e cheias de nós. Eu sei que, para correr sem que meus tênis escapem do pé, preciso amarrar bem os cadarços com um nó. Também ouvi dizer que são úteis para escoteiros e velejadores. E nas poucas vezes em que pratiquei escalada, me senti muito mais segura graças às cordas e seus nós.

Porém, na maioria das vezes, eles não são uma coisa boa. Geralmente atrapalham nossos objetivos, como quando programamos uma noite divertida em família para decorar a árvore de Natal e descobrimos que os fios das luzes estão todos emaranhados.

Você sabia — você vai achar que estou inventando isso, mas juro que não estou — que existe uma área inteira de estudos matemáticos dedicada aos nós? Ela é denominada "teoria dos nós".[4] Nos últimos dois séculos, pessoas inteligentes que adoram nós têm se dedicado a estudá-los, discutindo maneiras de quantificar o número de cruzamentos que um determinado nó possui, analisando se dois nós de formatos diferentes e com o mesmo número de cruzamentos são, de fato, nós equivalentes, e assim por diante.

Ao estudar um nó — seu tamanho, sua forma, seus diversos cruzamentos e partes —, pessoas muito inteligentes concluíram que era possível identificar algumas características que garantiriam a possibilidade de usar algumas manobras simples para desfazê-lo. E adivinhe como eles o analisaram?

Segurando-o sob a luz.

Nessa analogia, a luz é Jesus; é a Palavra de Deus; é a verdade fundamental. E os nós que precisamos desatar são as emoções que ainda não levamos até Ele.

Nos últimos três anos, assumi o compromisso de manter meu emaranhado de sentimentos sob a luz. E a cada nó desatado, tenho experimentado mais liberdade — para respirar, rir, chorar, ficar furiosa e me alegrar.

Liberdade para viver.

Descobri um estilo de vida que possibilitava que outras pessoas me conhecessem e (milagre!) que eu também as conhecesse.

Eu poderia descobrir quem eu era — o que pensava *e* o que sentia. E conhecer Deus.

Eu poderia viver conectada com Deus de maneira genuína.

Poderia aprender a experimentar meus sentimentos em vez de me forçar a resolver tudo. (Spoiler: muito pouco *realmente* foi resolvido).

Poderia me libertar de um passado marcado pela fuga.

Poderia ter uma experiência de vida real, me permitir reagir de maneira emocional e, inclusive, aprender a me divertir com isso.

Poderia começar a desemaranhar o caos gerado por nossa recusa em dedicar tempo para trabalhar as falhas em nossas conexões com entes queridos, Deus e nós mesmos.

Após décadas passadas superficialmente, eu poderia optar finalmente por me aprofundar.

Poderia explorar os aspectos emocionais mais significativos em minha vida.

Poderia me transformar.

Percebi que era possível viver de outra maneira — que ao experimentar meus sentimentos em vez de reprimi-los ou negá-los, eu poderia desfrutar de uma vida muito mais plena. Aprendi que ao compartilhar meus sentimentos com pessoas reais e verdadeiras, eu poderia participar de uma comunidade muito maior do que jamais havia experimentado. Aprendi como tudo isso poderia, de fato, ser transformador para mim — eu poderia sentir, me curar e me conectar. Poderia fazer com que meu cérebro construísse circuitos completamente diferentes. Poderia remover todos os nós da minha corda. E gostaria de dizer que, caso esteja enfrentando as mesmas dificuldades que eu estava, isso também se aplica a você. Assim como os neurônios podem literalmente tentar estabelecer uma conexão entre si, graças à neuroplasticidade, também podemos tentar encontrar — e sempre descobrir — novos caminhos para viver plenamente.

Sou outra pessoa agora. Novos caminhos se formaram onde antes havia barreiras. As amizades verdadeiras e sinceras estão presentes onde antes havia isolamento. As conexões emocionais florescem onde antes havia resistência emocional e insalubridade.

Estou completa e conectada com meu coração e com as outras pessoas. Aprendi a linguagem e a maneira de expressar sentimentos. Aprendi a desatar os nós em minha alma e a permitir que Deus me conduza à vida mais intensa e plena que Ele criou para mim.

Eu mudei.

Por favor, diga que seguirá comigo para os capítulos seguintes.

Nós precisamos disso.

A essa altura, talvez você esteja pensando que o mundo mudou tanto que as emoções passaram a significar tudo. Não é isso que estou dizendo; veja bem, vou fazer uma pausa para tranquilizá-lo. Estamos falando de emoções que são submetidas à vontade de Deus e à verdade de Sua palavra. Não se trata apenas de sentir as coisas e agir de acordo com elas. Trata-se de utilizá-las para os propósitos que Deus planejou — para que possamos nos conectar uns aos outros e a Ele. Porém, um dos motivos pelos quais nossos sentimentos se manifestam de maneira negativa é que não aprendemos a fazer isso direito. Portanto, quando iniciamos o processo de cura, passamos a experimentar as emoções da maneira como elas devem ser experimentadas. O que acontece depois disso? Começamos a nos autorregular. Essa é uma excelente palavra de aconselhamento, mas também é um conselho espiritual. É o que acontece com nossos corpos. Foi Deus quem criou nosso sistema nervoso.

Estou ciente de que todos estamos falando sobre esse assunto a partir de perspectivas diferentes. Mas ouça com atenção: não importa se você é homem ou mulher, jovem ou idoso, se tem sentimentos intensos ou se simplesmente prefere não tê-los, se é um senhor de 60 anos intransigente que jura nunca ter chorado ou uma pré-adolescente que não consegue parar de chorar, **todos temos sentimentos.**

Existe um milhão de maneiras diferentes de expressá-los e técnicas para reprimi-los, mas todos temos sentimentos. Deus nos criou para experimentar sentimentos.

O processo é contínuo:

Onde você se situa nesse espectro?

Onde quer que você se imagine, gostaria que soubesse que, enquanto eu escrevia este livro, pensei tanto nas pessoas que têm dificuldade para expressar sentimentos quanto naquelas que sentem as emoções à flor da pele o tempo todo, a ponto de explodir.

Esse processo funciona para pessoas dos dois lados desse espectro e também para aquelas que estão no meio. Caso você seja o tipo de pessoa que simplesmente não tem sentimentos, vou lhe ensinar como proceder. Preste atenção. *Deus* vai ajudar você a sentir novamente de maneira saudável, porque é isso que Ele quer. Mas, se você for alguém que se sente sobrecarregado por emoções, vou ajudá-lo a reduzir o ritmo e analisar individualmente cada sentimento, observá-lo, identificá-lo e aprender o que fazer com ele. Novamente, *Deus* fará o trabalho por meio desse processo.

Pode parecer irônico impor uma ordem e um processo para algo tão misterioso e natural como as emoções. Mas a verdade é que Deus opera pela ordem, e eu valorizo a ordem.

Permita-me lembrá-lo do quanto nossos sentimentos são valiosos. Quero lhe mostrar como eles são necessários para seu relacionamento com outras pessoas e para a sensação de estar sempre conectado com Deus. Permita-me ensinar a você uma maneira mais saudável de experimentar seus sentimentos. Quero lhe mostrar o que fazer — as reviravoltas, os avanços, o limbo organizado que pode ser feito com esse pedaço inconveniente de corda emocional — para que você deixe de ser uma pessoa emocionalmente estagnada e passe a ser saudável do ponto de vista emocional; para que deixe de ser uma pessoa apática e comece a ser capaz de expressar o que sente; para que deixe de ser uma pessoa isolada e passe a se conectar com sua própria alma e com as outras pessoas; e passe a ter uma conexão mais profunda e forte com Deus. Isso é o que acontece quando uma pessoa é emocionalmente saudável.

E é possível ter saúde emocional. Desatar os nós que se acumularam durante décadas em sua vida. Eu sei que parece impossível. Mas não é. Vi isso acontecer comigo e com muitas pessoas que amo.

Vou lhe mostrar como.

PARTE DOIS

por que somos tão confusos?

3

ONDE A CONFUSÃO COMEÇOU?

Os sentimentos não foram feitos para serem remediados; eles foram feitos para serem experimentados.

Qual foi sua reação na primeira vez em que leu essa afirmação? Imagino que, assim como as centenas de pessoas com quem conversei enquanto escrevia este livro — tanto online quanto pessoalmente —, você teve uma reação visceral a ela. Por quê? Simplesmente porque a maioria de nós, desde a infância, foi ensinada a **evitar** os sentimentos.

Independentemente do ano em que você nasceu, da cidade onde cresceu e das características específicas de quem o criou, estou certo de que você foi condicionado desde o início, em relação ao que fazer quando sentisse alguma emoção.

Muito antes de você e eu aprendermos a andar, falar ou segurar uma colher, aprendemos como agir em momentos de alegria, tristeza, raiva e solidão. Fomos ensinados a lidar — ou não lidar — com nossas emoções desde pequenos. E fomos alunos exemplares! Memorizamos e registramos esses ensinamentos em nossa alma como se fossem infalíveis.

A maioria de nós assimilou, de alguma forma, a ideia de que não era *necessário* sentir tristeza, de que não deveríamos sentir raiva e de que não havia lógica em sentir medo. Aprendemos a dizer a nós mesmos que estávamos bem, que a situação era aceitável ou que tudo ficaria bem. Registramos os conselhos que nos diziam que, em vez de compartilhar nossos sentimentos, o melhor a se fazer era nos acalmar, parar de chorar ou passar um tempo sozinhos até conseguirmos nos recompor de alguma forma.

Aprendemos que emoções fortes são desagradáveis e que não deveríamos obrigar outras pessoas a suportá-las. Deveríamos suavizar seus aspectos mais difíceis ou, melhor ainda, tentar fazer com que desaparecessem.

Essas e outras mensagens igualmente confusas chegaram até nós e acreditamos nelas; engolimos tudo. E assim teve início nossa prática de negar a nós mesmos permissão para experimentar nossos sentimentos; negar a nós mesmos a realidade a respeito de nossa natureza humana, como criaturas concebidas à imagem de Deus — Aquele que sente tudo e que nos criou para isso também.

SOMOS SERES EMOCIONAIS

A primeira vez em que olhei nos olhos do meu filho mais velho, Conner, percebi que ele já estava à minha procura. Ele era muito pequenininho, pesava só 2,5 kg, uma bolinha minúscula feita de carne e vísceras.

Levaria meses até que ele conseguisse formular — e ainda mais comunicar — pensamentos coesos acerca da existência e dos seres humanos que via no mundo. Mas lá estava ele, vasculhando o horizonte à minha procura. Ele queria sua mãe; isso ele sabia. Ele preferia a mim. Ele sentia a água fria e a sensação de fome... e eu. Quando ele chorava e eu o enrolava em um cobertor quentinho, abraçava-o e emitia sons de acalanto enquanto o embalava lentamente, ele se sentia confortado. Sentia-se seguro, tranquilizado e cuidado.[1]

E isso ajudava.

Cada detalhe disso ajudava.

Então me diga: como meu pequeno ser humano de 2,5 kg sabia que estava insatisfeito, que ansiava por conforto ou que precisava de mim? Eu lhe direi como: porque ele *sentiu*. Ele experimentou todos esses sentimentos em seu corpo e em seu coração mesmo antes de conseguir formular pensamentos claros e lineares; e até hoje ele continua fiel a seus sentimentos. Continua sentindo desconforto, saudade e outras 10 milhões de emoções, tanto fugazes quanto duradouras — emoções que moldaram quem ele é.

Não viemos ao mundo primordialmente como pessoas que pensam, mas como pessoas que sentem.

As emoções percorrem nossos corpos e almas — a mente, a vontade e as emoções — nos lembrando dessa verdade. Elas não param em pontos específicos, e se tentarmos conter seu fluxo, fracassamos. As emoções fluem dentro de nós como bem entendem, interligando nossas múltiplas facetas — conectando-nos a nós mesmos, às outras pessoas e a Deus. Os sentimentos representam o fluxo contínuo que conecta o mundo por meio do desespero provocado por um terremoto que mata milhares de pessoas ou do riso coletivo provocado por um comercial perfeito e brilhante do Super Bowl.

Conexão.

As emoções nos conectam.

O fato de querermos experimentar nossos sentimentos nos conecta a nós mesmos, às outras pessoas e a Deus.

Então, como ficamos confusos, totalmente incertos de como deveríamos nos sentir em relação aos nossos sentimentos?

AS MENSAGENS QUE PASSAMOS ADIANTE

Em algum momento, aprendemos a ouvir histórias que nos ensinam a evitar os sentimentos. Talvez de um pai ou uma mãe que se ressentem ao ouvir como o filho se sente ou que se consideram culpados por isso. *Atendemos muito bem a todas as suas necessidades. Que motivos você tem para se sentir rejeitado/triste/mal?*

Às vezes, os pais querem controlar nossas emoções para evitar constrangimentos. *Você precisa fazer um escândalo em público?*

Outras vezes, eles ignoram nossos sentimentos para não terem que reconhecer os próprios.

E assim, eles geralmente acabam fazendo com que nos envergonhemos por sentir algo. Rejeitam nossos sentimentos; negligenciam ou simplesmente ignoram as emoções com que estamos lidando. Se fecham enquanto tentamos nos comunicar.

"Conhecer suas verdadeiras emoções e seus pensamentos pode parecer perigoso se isso ameaçar afastá-lo das pessoas de quem você depende", escreveu a autora Lindsay Gibson em seu livro *Filhos Adultos de Pais Emocionalmente Imaturos*. "Você aprendeu que sua bondade ou maldade reside não apenas em seu comportamento, mas também em sua mente. Portanto, você pode ter assimilado a ideia absurda de que pode ser uma pessoa ruim por ter determinados tipos de pensamentos e sentimentos, e talvez ainda acredite nisso."[2]

Enquanto exponho essas ideias, gostaria de poder conversar com você pessoalmente: Qual é a *sua* história? Um pai ou um membro da família já lhe disse para não sentir algo que você estava sentindo de verdade? Já lhe disseram para se acalmar porque sua reação espontânea foi exagerada?

É claro que nossos pais só estavam repetindo as mesmas mensagens que receberam quando crianças. É provável que eles tenham aprendido com os pais *deles* a ignorar seus sentimentos, os quais, por sua vez, aprenderam com os deles.

Mas as consequências vão se acumulando, geração após geração, a menos que encontremos uma maneira de interromper esse ciclo.

ZAC E EU crescemos em famílias amorosas e religiosas, mas, como em muitas famílias, não falávamos muito sobre as emoções. Meu marido vem de uma família de jogadores de futebol americano; seu pai é técnico, e ele era o *quarterback*. As emoções poderiam atrapalhar sua atuação em campo. Portanto, ele mantinha a cabeça baixa, dando o bom exemplo e descobrindo como suprimir qualquer emoção negativa, de modo que conseguisse se sair bem no esporte. Mesmo após as vitórias, ele aprendeu que não deveria comemorar por muito tempo, porque tinha mais jogos pela frente. Seu foco inabalável e desprovido de emoções era uma vantagem em campo.

De maneira semelhante, fui criada por uma mãe rígida do Meio-Oeste dos Estados Unidos e um pai que cresceu em uma família de militares. Resumindo: aprendi a pensar em vez de sentir. Não que meus pais tenham me recriminado por ter sentimentos; o fato é que os sentimentos nem sempre estavam à flor da pele.

Não me lembro de ter sentido tristeza.

Não me lembro de ter sentido raiva.

Não me lembro de ter sentido muita felicidade, embora tenha certeza de que senti.

Durante todo o ensino fundamental. E durante o ensino médio. Pensar, pensar, pensar; mas não sentir. Depois veio a época da faculdade e, de repente, meu coração despertou. Tudo era novidade e um pouco assustador e, caramba, comecei a ter sentimentos de verdade! Senti tristeza. Solidão. Raiva. Entusiasmo. Tive todos esses sentimentos ao mesmo tempo. E adorei!

Durante aqueles primeiros meses como caloura na Universidade do Arkansas, eu me senti...

- profundamente emocionada com minha devoção;
- apaixonada por um garoto do último ano que não me dava bola;
- frustrada porque minhas amigas sempre pegavam minhas roupas emprestadas e se esqueciam de devolvê-las;
- sempre preocupada em me adequar e atender às exigências diárias que minha nova vida impunha.

Quando o estoico Zac se casou comigo, eu já estava habituada a experimentar *todos* os sentimentos e não tinha medo de expressá-los. Isso o deixou sobrecarregado. Semanalmente, discutíamos sobre minha necessidade de que ele demonstrasse seu lado emocional em nossa relação e sobre sua recusa ou incapacidade de fazê-lo.

Gostaria de mencionar que sou casada com Zac Allen há mais de 25 anos e sou loucamente apaixonada por ele. Isto também é verdade: o início de nossa relação foi um pouco... difícil. Na verdade, não brigávamos — não era assim. Era mais como uma guerra fria. Eu sentia falta das pessoas com quem me relacionava, dos amigos dos quais havia me afastado nos últimos tempos. Mas a questão é a seguinte: no passado, fui uma cidadã exemplar no território da razão. Eu já sabia como prosperar nesse ambiente.

Cada um tinha seu trabalho. Íamos ao Walmart juntos. Jantávamos. Frequentávamos o Fuddruckers para comer cheeseburgers baratos nas noites de fim de semana.

À medida que as semanas se transformavam em meses e os meses em anos, eu me perguntava como a vida era mais fácil agora que eu não precisava sentir. Era mais eficiente. Mais salubre. Menos dramática. Menos misteriosa.

Menos... divertida.

Fomos ficando cada vez mais distantes, e eu percebi que conversava mais com meus amigos sobre as coisas que estavam acontecendo na minha vida do que com Zac. Éramos apenas... colegas de quarto.

Com o intuito de melhorar nosso relacionamento, desejando algo mais mesmo sem saber exatamente do que precisávamos, agendei uma sessão com um terapeuta conjugal. Zac topou, com relutância, e, ao longo de alguns meses, meu marido insensível e carrancudo passou a sentir todas as emoções que se possa imaginar. Ele aprendeu a expressar seus sentimentos e, ao longo de um ano e meio, meu marido emocionalmente ausente se transformou em uma espécie de Cataratas do Niágara: muita expressão, muitas, *muitas* lágrimas. Mas a conexão com Jesus também se tornou mais profunda... e comigo. Os *meus* sentimentos foram despertados e voltaram a sentir segurança. Finalmente estávamos conseguindo conversar. Nós nos conectamos mais profundamente do que imaginei que fosse possível. E exceto pelo fato de ter levado quase dois anos de terapia e muito esforço, o resultado foi... mágico. Realmente foi.

Zac e eu tivemos muitos anos de vínculo emocional, os quais recordo com gratidão e alegria. Se existe um fator determinante para nosso casamento ter superado tantas dificuldades, é porque, pela graça de Deus, estamos construindo uma base sólida que iniciamos durante os anos em que fomos emocionalmente saudáveis.

AS MENSAGENS CONTRADITÓRIAS DA IGREJA E DA CULTURA

A seguir, contarei com mais detalhes como foi a experiência emocional do meu marido, mas agora quero que saiba como as coisas podem de fato mudar. Ninguém é obrigado a ficar na mesma situação pelo resto da vida.

Mas **é impossível ter saúde emocional se você vive no piloto automático.** Além disso, existem muitas vozes nos enviando mensagens contraditórias.

Nossa família não é a única responsável por nos transmitir mensagens negativas sobre nossos sentimentos.

Inúmeros seguidores de Jesus compartilharam comigo a mágoa e a confusão presentes na vida deles pelo fato de a igreja rejeitar a forma como eles se sentiam, dizendo coisas como:

As emoções representam um perigo.

As emoções não são confiáveis.

Você deveria ignorá-las.

Não permita ser controlado por seus sentimentos.

Não confie neles; confie apenas em Deus.

Durante toda a minha vida, o culto de domingo geralmente fazia referência às palavras do profeta Jeremias, do Antigo Testamento, que dizia que o coração dos seres humanos "é mais enganoso que qualquer outra coisa e sua doença é incurável", e concluía com a questão retórica "Quem é capaz de compreendê-lo?"[3] Sem dúvida, não deveríamos confiar em nossos sentimentos, porque o destino deles é nos enganar.

Segui essa lógica. Afinal, quem quer ser enganado?

E a lógica se aplicava à nossa geração, obcecada pelos sentimentos.

Certamente, seguir os sentimentos rumo à destruição é algo bastante comum. Sem a sabedoria de Deus, os sentimentos podem nos conduzir a uma vida egoísta, tudo em nome de "Siga seu coração! Seus sentimentos são as únicas coisas que importam". Essa alternativa também não estava certa.

O mundo avançou rápido demais no sentido de dedicar todo o potencial para ser conduzido por nossos sentimentos.

Se você não estiver apaixonado, separe-se de seu cônjuge.

Se você estiver infeliz, sacrifique toda e qualquer coisa em busca de felicidade.

Se estiver se sentindo desrespeitado por seus amigos, afaste-se deles e arrume novos amigos.

Se Deus não lhe parece real, é provável que Ele não o seja.

Se qualquer comportamento egocêntrico lhe parecer correto, não importa como isso afetará você ou outras pessoas. Se parecer certo, siga em frente.

Os sentimentos são a base de tudo! Siga seu coração!

Quero deixar claro que nunca seremos emocionalmente fortes se não formos obedientes à vontade de Deus.

Assim como suas emoções foram concebidas por Deus, os padrões e a maneira como devemos viver e prosperar também o foram. Fomos criados para sermos obedientes a um Pai amoroso. A Queda rompeu essa estrutura, mas a verdadeira existência se encontra em Seus caminhos e em Sua vontade. E sabemos qual é a vontade de Deus para nossas vidas graças à dádiva da Bíblia.

Portanto, "Ignore seus sentimentos e busque somente a Cristo" soa perfeitamente adequado em comparação à gritaria mundana de "Obedeça às suas emoções", considerando principalmente até onde as emoções descontroladas podem nos levar. Por isso, ignore suas emoções. Tenha controle sobre elas. É isso que todo "bom cristão" deve fazer, porque os sentimentos são o grande inimigo, não é mesmo?

Exceto por um imenso problema. Na verdade, dois:

1. Negar nossos sentimentos não está funcionando. A igreja está repleta de histórias de divórcio, abusos e problemas de saúde

mental. Não estamos desfrutando de uma vida mais próspera e abundante, basicamente porque estamos ignorando nossos sentimentos e tratando-os como inimigos.

2. Deus tem sentimentos! E muitos, conforme veremos desde o Gênesis até o Apocalipse; e Ele nos criou para sentir, colocando isso dentro de nós. Portanto, as emoções não devem ser algo prejudicial. Se Deus as sente e as concebeu para nós, então devem ser dádivas do bem.

Negar e ignorar nossos sentimentos definitivamente não é uma opção válida. Em defesa da igreja contemporânea, gostaria de mencionar que a negação absoluta das emoções humanas que aprendi durante os estudos no seminário remonta a centenas, se não milhares, de anos.[4]

Nos primeiros anos da igreja, as emoções eram vistas com desconfiança, sendo associadas à natureza pecaminosa da humanidade. O ascetismo incentivava a repressão e a negação das emoções, castigando o corpo como se fosse algo maléfico e usando "autodisciplina rigorosa, abstinência severa, austeridade" para tentar subjugar o corpo.[5]

Como não se tratava de um corpo espiritual, o conceito era que ele deveria ser considerado maligno e completamente renegado, e até mesmo castigado se tivesse algum sentimento inadequado. Por isso, uma pessoa extremamente religiosa não acreditava em nada que era transmitido pelo corpo. Ela ignorava o corpo e se dedicava somente a Deus. Porém, o corpo é uma das principais vias de percepção e envolvimento das emoções. O corpo físico foi concebido por Deus e é uma dádiva d'Ele que devemos cuidar, observar e preservar neste mundo.

Durante a Idade Média, a manifestação de emoções intensas era encorajada em práticas devocionais reservadas. No entanto, isso não significava que os cristãos deveriam dizer às pessoas como se sentiam. Naquela época, os verdadeiros cristãos conservavam boa parte de seus sentimentos em segredo.

Durante os períodos da Renascença e do Iluminismo, as emoções foram consideradas algo irracional e pouco confiável. Essa crença levou a um declínio do valor dado às emoções na prática religiosa, e o foco nas atividades intelectuais foi predominante.

A geração dos baby boomers, que em geral valorizava a razão e o pensamento racional e raramente expressava as emoções, formou, de maneira irônica, uma geração mais jovem com uma tendência bastante diferente: as emoções representam tudo. Ao refletir sobre a história da igreja com meu professor preferido do seminário, ele disse algo que merece ser mencionado. Segundo ele, nas últimas gerações, "as emoções foram consideradas algo feminino dentro da igreja. Desenvolveram-se estereótipos cristãos da 'mulher sentimental' e do 'homem estoico e desprovido de sentimentos' como padrão e meta".

Há muito tempo, a igreja está confusa quanto ao que supostamente devemos sentir.

UMA FORMA MELHOR

E se as emoções em si não forem o problema nesse caso? O que faríamos em relação a elas se nossos sentimentos fossem divinamente incorporados a nós, intencionalmente e com um propósito? Eu acredito que isso seja verdade, e tentarei persuadi-lo a enxergar isso dessa maneira também.

Posso dizer com confiança que este não é um livro sobre ser controlado pelas emoções. Elas não podem e não devem comandar nossas vidas e nosso cotidiano. Mas também *não* se trata de um livro sobre como controlar as emoções.

Acredito que existe um terceiro caminho — um caminho emocionalmente seguro, conectado e cheio de vida, criado por Deus e que pode nos libertar para o amor, a conexão e a vida com mais intensidade do que imaginamos ser possível.

Porque os sentimentos não foram feitos para serem remediados; eles foram feitos para serem experimentados.

4

A VERDADE SOBRE OS SENTIMENTOS

Ao me aprofundar na ciência das emoções nos últimos anos, eu me convenci de que as emoções não foram concebidas para nos controlar, mas para nos *informar*, nos conectar, nos lembrar de que estamos vivos e nos ajudar a entender melhor o mundo em que vivemos.

Você sabia que as estruturas mentais que processam as emoções estão situadas em uma região mais profunda do cérebro em comparação às estruturas voltadas para o raciocínio?[1]

Você sabia que suas crenças acerca do mundo que habita, inclusive aquelas que estão no nível subconsciente, são capazes de causar estresse no corpo, levando ao seu adoecimento real?[2]

Sabia que, quando você chora, suas lágrimas literalmente desintoxicam seu organismo, estimulando a oxitocina e acionando o sistema nervoso de modo que ele recupere a calma?[3] Ou ainda que, quando pratica exercícios físicos regulares, você fica menos ansioso?[4]

Todas essas coisas e muitas outras dependem de nossos sentimentos. E eles chegam até nós de três maneiras distintas:

1. Eles se manifestam em nossa mente.

2. Eles se manifestam em nosso corpo.
3. Eles se manifestam em nossas atitudes.

É provável que você já tenha percebido que sempre que acontece algo que desperta algum sentimento, isso aparece de diversas formas. Por exemplo, certas lembranças são despertadas sempre que você experimenta determinada emoção.

Na situação que descrevi anteriormente sobre a possível mudança de Kate, faltavam apenas dezoito meses para a experiência quase fatal de Zac. Mas estava tudo bem ali na minha mente, no meu corpo, em *mim*.

Logo após Zac voltar do hospital, nossa família inteira teve aulas de RCP (ressuscitação cardiopulmonar) para que, caso acontecesse algo, soubéssemos o que fazer. Gostaria de dizer que ver nossos filhos aprenderem a ressuscitar um boneco que deveria representar meu marido enquanto ele estava no andar de cima sem conseguir sair da cama é algo que ainda enche meus olhos de lágrimas só de pensar.

Nos momentos em que Zac estava mais lúcido, passávamos o tempo conversando sobre assuntos encantadores, como testamentos e orientações para o fim da vida e a lista de pendências que eu precisaria resolver caso o impensável acontecesse.

Tudo isso já era traumático o suficiente, mas o medo de perder Zac e Kate e ficar sozinha provavelmente estava ligado a uma memória emocional antiga com a qual eu nunca havia conseguido lidar por completo.

Eu tinha só 7 anos quando minha bisavó Munsy morreu. Eu não a conheci direito, mas sempre que meus pais faziam uma visita obrigatória, eu ia até a casa dela com meu vestidinho estilo bata e presilhas no cabelo. Havia um relógio cuco pendurado na parede e, de hora em hora, o passarinho saía e piava para nos avisar que mais uma hora havia se passado. Hoje não consigo imaginar ter esse tipo de relógio em casa, mas, naquela época, eu achava muito legal.

Isso é praticamente tudo o que eu sabia sobre Munsy. Nunca conheci seu marido nem sequer consegui identificar sua personalidade. Para mim, ela aparentava ser velha, cansada e sem graça, exceto por seu relógio cuco. Mas após o funeral, durante a viagem de uma hora de carro de volta a Little Rock, chorei. Eu me lembro claramente de não querer que meus pais percebessem que estava chorando. Acho que me senti culpada por estar triste. Não me lembro deles chorando, então por que eu deveria chorar por alguém que mal conhecia? Fiquei olhando para as estrelas pela janela do carro. Eu não estava chorando de tristeza pela perda de Munsy, embora tenha me esforçado bastante. O que me fez chorar foi pensar na morte, no desconhecido, e na constatação de que ninguém conseguiria me proteger disso, nem mesmo meus pais, quando chegasse a minha hora. Aos 7 anos, eu sabia que morreria sozinha e que ninguém morreria junto comigo. *Com apenas 7 anos!*

Embora não tenha feito essa conexão em minha mente, aquele abismo imenso de solidão tornou-se evidente por meio das minhas emoções conturbadas toda vez que eu pensava em perder meus entes queridos.

Tenho certeza de que você conseguiria identificar uma situação semelhante de sentimentos aparentemente aleatórios que estão ligados ao seu passado. Quando surgem sentimentos intensos, às vezes ilógicos, relacionados a algo que você viveu, é possível senti-los por meio da experiência vivida. Já teve essa sensação? O que aconteceu na época? Como as coisas se desenrolaram?

É possível sentir isso fisicamente — o coração dispara, os ombros ficam tensos, o estômago se revira; coisas desse tipo.

E você sente isso em sua reação: "Agora estou *feliz* [ou *triste*, *arrependido*, *animado*, *com medo*]". Isso provavelmente se manifesta de alguma forma em palavras ou ações, às vezes para o bem, às vezes de maneira um pouco deturpada ou, inclusive, para o mal.

ATRAVESSANDO O FLUXO DAS EMOÇÕES

Eu pratico canoagem. Quero dizer, tenho uma canoa. Duas, na verdade. Temos um terreno no meio da região quente do Texas, então não há muito o que fazer fora de casa, exceto passear de canoa.

Sou a pior canoísta que você já viu. Bem, eu me acho boa. Remo com a maior confiança. Dou ordens para as pessoas que estão remando comigo na canoa. Mas, no fim das contas, o barco nunca vai para onde eu quero que ele vá. Esbarramos nas margens e fazemos movimentos em ziguezague pelo rio. Ninguém consegue entender por que. *Eu mesma* não consigo entender por que; e olha que faço isso há um bom tempo! Sei que o objetivo é permanecer no curso do rio, e por isso gastamos tanta energia para atravessá-lo.

A regra básica da psicologia diria que o objetivo é controlar as emoções. Gostaria que você visualizasse o rio e minha canoa. De um lado do rio há explosão, raiva, choro, ranger de dentes, sentimentos profundos, louça sendo quebrada, alguém sendo agredido. Eu sei que falamos muito a respeito da dádiva das emoções, mas todos sabemos o que acontece quando deixamos que elas comandem a cena. Do outro lado do rio está o desligamento, a ausência de sentimentos, a rejeição do que sentimos e a ideia de que não sentimos nada. São essas duas margens que devemos evitar atingir com nossa canoa emocional.

Mas o interessante é que o trauma provoca uma correnteza ainda mais rápida no rio e deixa as margens muito próximas uma da outra. Naturalmente, você vai encostar nelas. Você já deve ter sofrido com a morte de um ente querido, com maus-tratos ou mesmo com uma mudança de endereço ou a perda de um emprego, algo que tenha feito com que as margens de seu rio se estreitassem bastante. Sua capacidade de lidar com as emoções que inevitavelmente encontrará no dia a dia acabou de diminuir.

E está tudo bem!

Se você estiver lendo isso e estiver passando por uma situação difícil e se sentindo irritado, talvez se deixando levar por emoções intensas e nocivas ou simplesmente perdendo o controle, vou repetir o que sempre digo: É claro que você está. Seu estado é frágil. Você está fora de si. Em diferentes fases da vida, nossos rios se estreitam e diminuem. Sempre que isso acontece, há uma oportunidade de se voltar para Jesus, inúmeras vezes.

Se estiver nessa fase atualmente, peça conselho às pessoas ao seu redor. E não tenha medo de procurar ajuda.

Mas se estiver em uma área extensa do rio e se sentindo emocionalmente estável e saudável, recomendo que não se acomode nem menospreze aqueles que estão enfrentando dificuldades. As circunstâncias difíceis podem surgir a qualquer momento. Aproveite essa fase. Vivencie os sentimentos. Expresse suas emoções acerca dos acontecimentos pequenos ou médios em sua vida. Mas não julgue as pessoas que ainda não chegaram à parte mais larga e calma do rio.

Um dos meus filhos passou por tantos traumas que poderia escrever um livro. E aquilo que outras pessoas poderiam erroneamente enxergar como um comportamento inadequado é claramente apenas um ponto em que elas precisam de um pouco mais de tempo para processar suas emoções mais profundas, intensificadas devido às dificuldades do passado. Elas precisam de um pouco mais de tempo para descobrir como transpor os obstáculos que a vida lhes impõe para evitar colidir contra as margens do rio. Ao darmos graças a essa criança, ela começa a processar suas emoções de maneira mais saudável à medida que seu rio se expande.

Nossos rios podem se alargar, apresentar locais seguros para processar os sentimentos e, às vezes, com ajuda profissional, nossa capacidade de regular nossas emoções aumenta.

NÃO É UM ERRO — É UMA FUNCIONALIDADE

Conforme vimos, os sentimentos se manifestam em nossas mentes, nossos corpos e nossas ações. São os locais em que os experimentamos. Mas de onde eles vêm?

Eles foram incorporados em nós por um Deus que tem sentimentos. **Deus criou os seres humanos para sentir.**

Eu sigo Jesus. E se você também O segue, ou não tem nenhuma fé, ou se ainda está decidindo em que acreditar, estou feliz por você estar aqui. Se você não conhece Jesus, suponho que, à medida que continuar lendo, gostará muito d'Ele. Porque, conforme verá, Ele tem compaixão por você, por mim. E isso importa porque todo ser humano anseia por compaixão. Estamos todos carentes de compaixão, e Jesus quer provê-la a nós.

Quando Jesus passou pela Terra, cada história sobre Seu ministério confirmou como Ele se importava com cada pessoa com quem se deparava. Ele se interessava pela mente delas. Preocupava-se com o corpo delas;

com a alma delas. Ele se preocupava até mesmo com as emoções delas, algo de que não ouvimos falar muito.

Já ouvi pessoas inteligentes ensinarem e pregarem sobre a importância de acreditarmos em determinadas ideias, agirmos de certa maneira em relação ao corpo e nos comprometermos com certas coisas, mas não consigo me lembrar de uma única vez em que tenha ouvido alguém ensinar sobre como *Jesus* se sente em relação às *emoções* que sentimos. O que é estranho porque, em todas as Escrituras, encontramos evidências de que Deus, o Pai, Deus, o Filho, e Deus, o Espírito, têm muitos outros sentimentos.

Como você acha que Deus se sente em relação a suas emoções? Será que Ele as julga?

. . .

Quando comecei a pesquisar sobre isso, surgiram muitas dúvidas:

Quando uma emoção é considerada pecado?

As emoções sempre existiram?

Elas continuarão a existir eternamente no céu?

Como Deus lida com Suas emoções?

Espere, será que Deus tem emoções?

A Bíblia afirma ser possível controlar as emoções?

Se conseguimos, isso significa que devemos?

Embora eu não consiga responder a essas perguntas integralmente, espero que você encontre aqui uma maneira de explorar a Palavra de Deus.

Eu precisava, no mínimo, saber: *Meus sentimentos são pecado?*

Em Gênesis, logo se vê que não podem sê-lo, porque o próprio Deus tem sentimentos! Ele sente felicidade com tudo o que criou e decepção com a atitude rebelde de Sua criação. Ele sente raiva pela rebeldia persistente deles. Sente alegria quando Abraão, Davi e outros O seguem e tristeza quando seguem seus próprios caminhos.

Vemos Deus expressar Sua compaixão para com a humanidade repetidas vezes ao lhe conceder mais uma oportunidade de obedecer aos Seus mandamentos. E mais uma depois dessa. Segundo a Bíblia, "O Senhor não demora em cumprir a sua promessa, como julgam alguns. Pelo contrário, ele é paciente com vocês, não querendo que ninguém pereça, mas que todos cheguem ao arrependimento".[5] Em virtude de Seu grande amor por Seus filhos, Deus busca estabelecer um relacionamento com eles. E Ele o faz por meio de líderes, profetas e sacerdotes.

Eu entendo você.

Eu amo você.

Será que você escolherá Me amar também?

Será necessário o maior sacrifício — o maior sacrifício d'Ele — para reconquistá-los.

Ele sabe disso. Mas ainda assim, tenta.

Esse amor profundo de Deus é exatamente o motivo pelo qual Jesus veio à Terra, para demonstrá-lo. Ele veio em carne e osso para ser testemunha da concepção de que Deus já estava à nossa procura e esperava que nós também O procurássemos.

O profeta Isaías se referiu a Jesus como "um homem de tristeza e familiarizado com o sofrimento".[6] Antes de vermos Jesus diante da cruz no Jardim do Getsêmani, temos uma visão privilegiada de um momento intimista entre as três pessoas da Trindade, quando Jesus está tão angustiado e temeroso que chega a suar gotas de sangue. Consciente de que está prestes a morrer na cruz, Ele pede ao Pai outro caminho, que o livre desse risco e desse sofrimento.[7]

Por fim, Ele escolhe o caminho de Seu Pai para nos salvar. E Ele faz isso por amor.

Sim, Deus sente todas as emoções. Deus, o Pai, Deus, o Filho e Deus, o Espírito.

Deus, o Espírito — Ele é muito sensível. Cada membro da Trindade é, mas as Escrituras dizem que podemos nos afligir principalmente com o Espírito.[8] No Livro de Tiago, está escrito que o Espírito tem ciúmes de nós quando desejamos as coisas mundanas.[9]

O Espírito pode transmitir nossa súplica mais profunda para o Pai se não tivermos palavras para falar.[10]

Se Deus é um ser eterno e imutável dotado de sentimentos, sabemos que as emoções não foram criadas. Elas sempre existiram e sempre existirão.

Por isso, as emoções são apenas mais uma faceta do que significa ser criado à imagem de Deus. Logo, elas não são ruins e não representam o pecado. Elas não são nem mesmo neutras. Quando entendemos os propósitos e as intenções de Deus a respeito delas, as emoções são de fato boas — e não só algumas delas, como a paz e a alegria, mas todas elas.

Todas as emoções são boas.

Isso não o deixa maravilhado? Um Deus que sente tudo o que sentimos e não peca, que se apropria de todos os sentimentos de maneira justa. Como em muitos aspectos de Deus, é impossível conceber plenamente um Deus que sente todas as emoções e não peca.

O autor de Hebreus diz o seguinte sobre Jesus: "Não temos um sumo sacerdote que não *possa compadecer-se* das nossas fraquezas, mas sim alguém que, como nós, passou por todo tipo de tentação, *porém, sem pecado*".[11] A seguir, analisaremos diversos momentos em que Jesus sentiu Suas emoções, permitiu que isso atraísse as pessoas para Si e não pecou.

Mas, por enquanto, deixe isso penetrá-lo: **As emoções não representam o pecado; é o que fazemos com elas que é o pecado.**

As emoções sempre existiram e sempre existirão, apesar de que, no céu, certamente perderemos a necessidade de sentir tristeza, medo e raiva, como prometem as Escrituras.

NOSSOS LAÇOS PARA UMA VIDA MAIS ABUNDANTE E PLENA

À medida que me debruçava sobre a ideia de que as emoções vêm de Deus, que também é um ser com sentimentos, mais frustrada eu ficava com o fato de nunca ter sido instruída sobre nada disso. Como encontrei pouquíssimos artigos acadêmicos de teologia sobre o assunto, liguei para aquele meu professor do seminário, que por sinal é uma das pessoas mais brilhantes que conheço, e o bombardeei com perguntas. Por diversas vezes, ele hesitou, sem saber o que responder. Mais de uma vez, respondeu às perguntas com "eu não sei". Então ele mesmo se perguntou por que não existem mais estudos teológicos a respeito das emoções, e afirmou: "Suponho que os teólogos jamais pararam para pensar nos sentimentos".

Ele provavelmente está certo. E é mesmo uma pena, porque, muitas vezes, é justamente ao sentir emoções que nos conectamos com Deus.

Considere o seguinte:

A alegria normalmente incita a gratidão e a adoração.

A raiva pode ser um instrumento usado contra as injustiças.

O arrependimento é um lembrete de que precisamos do perdão de Deus. A tristeza faz com que nos aproximemos de Deus em busca de conforto.

O medo oferece proteção para nos orientar no caminho certo.

Até mesmo o ódio e a inveja, presentes na manifestação de emoções do próprio Deus, podem trazer benefícios. Como as notas musicais ou os tons das cores, as emoções conferem textura e diversidade à vida. Elas podem revelar algo sobre nossa humanidade e a vida que levamos.

Ao mesmo tempo, é importante reconhecer que as emoções, assim como muitas coisas boas que Deus criou — *sexo*, *dinheiro* e *poder* —, podem nos induzir ao pecado. Sabemos disso. Observamos essa dinâmica acontecer em qualquer lugar para onde olhamos.

Sendo assim, em que momento uma emoção se torna um pecado? É interessante que, na Bíblia, as emoções não representam o pecado. Por exemplo, "Irai-vos e não pequeis".[12] Aparentemente, o potencial para cometer o pecado está em nossa reação à raiva.

Historicamente, na fé cristã, acredita-se que a alma é composta de três partes: pensamentos, emoções e vontade.

Jesus nos ensinou que até mesmo o ato de pensar em dormir com o cônjuge de um amigo já é considerado pecado,[13] então sabemos que é possível pecar em pensamento. Pode ser que, ao sentir raiva, comecemos a alimentar nossos pensamentos e a insistir nessa emoção por horas a fio. E, conforme você continua a alimentá-la, essa emoção que em si mesma não era um pecado pode dar lugar a pensamentos de ódio e vingança, e inclusive se tornar uma barreira prejudicial. Essa foi a principal revelação que muitas pessoas tiveram ao ler *Liberte-se da Sua Mente* — que Deus pode nos salvar das espirais de pensamentos negativos! Não podemos nos esquecer do poder que temos sobre nossos pensamentos e de como a escolha intencional pela gratidão, pelo serviço e pela conexão pode mudar nossa mente e, muitas vezes, também curar nosso estado emocional.

Grande parte desse poder de transformação vem de uma terceira parte de nossa alma: a vontade. Essa é, sem dúvida, minha parte favorita da forma como Deus nos criou. Somos seres humanos dotados de poder e de escolha. Não somos controlados pela vontade de Deus, como robôs. Se aceitamos a salvação oferecida por Jesus, também não somos controlados por nossos desejos e pecados. O apóstolo Paulo descreveu isso como nossa liberdade de nos aproximarmos de Deus por caminhos de paz e vida ou de escolhermos o caminho do pecado, da morte e da destruição.[14] Fazemos essas escolhas todos os dias, dezenas de vezes.

Ao analisarmos a relação entre o pecado e os sentimentos do ponto de vista espiritual, uma imagem me vem à mente, inspirada em outra que minha amiga Cassie usa frequentemente como terapeuta profissional. Imagine que a alma seja como um trem, com uma única locomotiva puxando dois vagões. Se as emoções forem o motor, elas o levarão direto para o precipício! Mas se sua vontade, submetida a Deus, estiver conduzindo o trem, então as emoções e os pensamentos estarão livres para segui-lo, conectados de maneira segura para que tudo caminhe em harmonia, liberdade e segurança.

É impossível deixar de sentir emoções; é por isso que precisamos nos permitir senti-las — de um jeito que nos traga de volta à vida, que traga redenção, que nos leve a ter uma maior conexão e mais liberdade. Nossas emoções não representam o pecado; contudo, por meio de nossas escolhas, determinamos se a vontade e os pensamentos ajudam ou minam nossa capacidade de viver plenamente. Os sentimentos podem conduzir tanto ao bem quanto ao mal, mesmo sendo dádivas divinas.

Mas suponha que o Deus que nos criou em amor para sermos seres relacionais não tivesse nos presenteado com todas essas emoções.

Jamais sentiríamos gratidão.

Portanto, jamais adoraríamos a Deus.

Jamais sentiríamos raiva.

Portanto, jamais seríamos motivados a agir contra as injustiças.

Jamais sentiríamos amor.

Portanto, jamais nos apaixonaríamos ou choraríamos pelo nascimento de um filho.

Jamais sentiríamos medo.

Portanto, jamais buscaríamos conforto em alguém ou pediríamos ajuda a Deus.

. . .

Sem as emoções, perdemos todos os aspectos mais íntimos e sagrados da vida, a parte mais profunda de quem somos. Será que você seria a mesma pessoa sem os momentos de alegria e as fases difíceis da vida?

Reflita sobre três episódios importantes de sua vida. Lembramos a maioria de nossas experiências que estão associadas a fortes emoções. O que você sente ao se lembrar dessas situações? O que fez com que cada uma delas se transformasse em uma lembrança importante?

Agora suponha que você não tenha reagido a nenhum desses episódios, que estivesse anestesiado, desprovido de sentimentos.

Será que algo teria qualquer significado?

Talvez a vida esteja tão dura e dolorosa atualmente que ficar anestesiado soa atrativo para você. Nesse caso, gostaria que soubesse que há um Deus que descreve o céu como um lugar onde Ele, pessoal e intimamente, enxugará cada lágrima que escorrer de nossos olhos. Um Deus que quer trazê-lo para perto de si hoje, abraçá-lo e lhe dizer: "Eu me importo com você. Eu amo você". Um Deus que não apenas sente tudo por Si mesmo, como também está perto de nós até nos momentos em que estamos *nos* sentindo assim.

Deus está à nossa espera se quisermos ir até Ele e falar sobre tudo isso. Até mesmo os sentimentos ruins que você e eu somos tentados a processar — Deus está aguardando a oportunidade de nos aproximarmos d'Ele novamente.

5

ESPECIALISTAS EM MEDIDAS EVASIVAS

Sempre que experimentar um sentimento avassalador — como tristeza, decepção, raiva, rejeição, medo ou até mesmo alegria e esperança —, você tem uma escolha a fazer. O mesmo se aplica a mim. Podemos nos envolver pessoalmente com essa emoção e entregá-la a Deus, ou podemos resistir a ela, tentando evitar o que é desconfortável, constrangedor e talvez até um pouco doloroso. Com frequência, escolhemos a última opção — principalmente porque temos medo de que, se nos envolvermos pessoalmente, acabaremos desmoronando diante do impacto de nossos sentimentos.

Eu, por exemplo, tenho um longo histórico de não me envolver com sentimentos como tristeza, raiva e medo. Costumo fazer isso por meio de um discurso interno bem elaborado, acompanhado de um pouco de espiritualidade, para aumentar a credibilidade.

Meu cérebro prega algo parecido com isto:

Jennie, sei que o estresse em virtude de ____________________ [preencha o espaço em branco] é maior do que você consegue suportar, mas, se focar isso, irá desmoronar, o que não fará bem a ninguém. Por isso, a realidade é a seguinte: Deus a ama, você está bem e tudo ficará bem. Então supere isso e siga sua vida.

. . .

É bastante convincente, não é? Você provavelmente está pensando: *Por que isso é tão ruim? Confie em Deus. Não faça rodeios. Não faça nada. Isso me parece bom.*

Sim, você está certo. Não é de todo mau. De fato, em determinadas épocas, é tudo o que podemos fazer para sobreviver até o dia seguinte. Não podemos esmorecer, portanto recorremos ao que chamo de 3 Cs:

Controle. Tentamos ao máximo assumir o controle da nossa situação ou de outras pessoas na esperança de fazer com que tudo seja um pouco mais conveniente, um pouco mais manejável.

Confronto. Tentamos desviar a atenção da situação na esperança de que tudo fique um pouco mais agradável e fácil de lidar.

Camuflagem. Escondemos esse sentimento e tentamos encobri-lo.

E, às vezes, fazemos essas três coisas ao mesmo tempo.

Vamos nos aprofundar um pouco mais nessas três opções de resposta. Embora você provavelmente recorra a cada uma delas em diferentes situações, aposto que uma é o seu modo padrão. Se for franco consigo mesmo nesse ponto, você estará apto a buscar a alternativa que veremos no próximo capítulo — uma forma de envolvimento que conduz ao bem-estar emocional que seu coração deseja.

NÓS CONTROLAMOS

Nossas motivações para tentar obter o controle são perfeitamente compreensíveis. Para começar, queremos nos sentir bem com nós mesmos. E, quando sentimos que estamos no controle de uma situação, é impossível não aumentar nossa confiança.

Além disso, queremos ter o controle porque isso nos dá esperança em relação ao mundo em que vivemos. Se acreditarmos de fato que estamos no controle de uma situação — uma festa de aniversário, um problema no relacionamento, uma reunião de trabalho, uma conversa difícil, o mau comportamento de um filho, e assim por diante — conseguiremos manter a expectativa de que tudo dará certo.

E sem essa sensação de controle?

Como lidamos com *isso*?

Diante disso, encaramos a vida com confiança e muita competência.

Acreditamos que somos mais espertos do que nossos adversários, planejamos melhor as catástrofes e pensamos melhor em cada novo desafio que enfrentamos. Sem dúvida, oramos. E pedimos a outras pessoas que orem por nós. Praticamos exercícios físicos para nos mantermos em forma e descansamos bastante. Comemos aveia integral porque, sempre que fazemos isso, as coisas melhoram. Refletimos a respeito de acontecimentos passados, aprendendo todas as lições possíveis. Damos pequenos incentivos a nós mesmos: "Você consegue fazer isso. Você. Realmente. Consegue".

E às vezes conseguimos. Em outras, o melhor jeito de superar a tristeza ou o mau humor é arrumar a cama, tomar um banho e encarar o dia. Às vezes, isso é suficiente, e no dia seguinte as coisas podem melhorar. É verdade!

No entanto, **quando tudo o que fazemos é controlar ou lidar com nossas emoções, perdemos contato com nós mesmos, com nossa necessidade em relação a Deus e uns aos outros**. O controle nos bloqueia. Não só as emoções difíceis de encarar e que não gostaríamos de sentir, mas também o prazer proporcionado pela interação com amigos, a intensidade da oração, as lágrimas que costumavam brotar quando cantávamos "Amazing Grace" na igreja, a capacidade criativa que costumava se manifestar por meio de palavras, arte ou diversão. Tudo desaparece quando tentamos bloquear parte das emoções.

A tentativa de controlá-las exige muito esforço. É exaustivo.

Na verdade, na maioria das vezes, quando tentamos controlar um comportamento emocional, não temos ideia de que é isso que estamos fazendo. Até onde sabemos, estamos simplesmente ocupados cuidando de nossas coisas, vivendo nossas vidas. Em muitos casos, quando nos deparamos com uma série de situações desagradáveis, a mente e o corpo avaliam nosso bem-estar em frações de segundo e, ao determinarem o melhor curso de ação para nos manter confortáveis e seguros, deixam de lado algumas emoções e permitem que outras aflorem.

Vou explicar o que quero dizer. Lembra-se daquela situação da possível mudança da Kate para fora do estado ou do país? Em vez de me sentir triste ou desapontada, o que teria sido uma reação normal a esse tipo de coisa, meu coração começou a disparar de ansiedade, com um pequeno pensamento de que "Isso não é justo" surgindo em minha mente. Sem dúvida, a sensação de ser abandonada seria aterrorizante. Seria muito melhor se eu tivesse ficado apenas um pouco estressada. Na verdade, eu nunca teria lidado com o medo do abandono, a não ser pelo fato de que não conseguia parar de pensar que deveria haver algo diferente em minha reação. E havia.

É por isso que, na Parte 3 do livro, vou ensiná-lo a lidar com suas emoções por tempo suficiente para entender o que elas significam de fato. Conforme mencionei anteriormente, sempre há algo por trás de tudo. E isso é uma verdade assustadora.

Por enquanto, quero ajudá-lo a determinar quão profundo é seu desejo de controlar suas emoções.

Isso funcionará da seguinte maneira: após ler cada afirmação, avalie a si mesmo de acordo com a escala correspondente. A pontuação "1" significa que você nunca lida com a influência em questão. A pontuação "2" significa que você raramente lida com essa influência. A pontuação "3" significa que você lida com ela com certa frequência. Uma pontuação "4" significa: *Você está lendo os meus livros?*

1. **Presto atenção aos sinais físicos de meu corpo durante situações e conversas extremamente estressantes.**

   ☐ 1 (Nunca) ☐ 2 (Raramente) ☐ 3 (Frequentemente) ☐ 4 (Sempre)

2. **Presto atenção aos meus pensamentos durante situações e conversas extremamente estressantes.**

   ☐ 1 (Nunca) ☐ 2 (Raramente) ☐ 3 (Frequentemente) ☐ 4 (Sempre)

3. **Presto atenção aos meus verdadeiros sentimentos durante situações e conversas extremamente estressantes.**

☐ 1 (Nunca) ☐ 2 (Raramente) ☐ 3 (Frequentemente) ☐ 4 (Sempre)

4. **Confio em mim mesmo para sentir o que quer que eu esteja sentindo de verdade.**

☐ 1 (Nunca) ☐ 2 (Raramente) ☐ 3 (Frequentemente) ☐ 4 (Sempre)

5. **Não tenho medo de compartilhar meus sentimentos com outras pessoas.**

☐ 1 (Nunca) ☐ 2 (Raramente) ☐ 3 (Frequentemente) ☐ 4 (Sempre)

6. **Sou paciente comigo mesmo no que diz respeito à minha situação emocional, mesmo quando ela muda com mais frequência do que eu gostaria.**

☐ 1 (Nunca) ☐ 2 (Raramente) ☐ 3 (Frequentemente) ☐ 4 (Sempre)

7. **Eu me comprometo comigo mesmo e com outras pessoas mesmo quando as coisas ficam muito intensas emocionalmente.**

☐ 1 (Nunca) ☐ 2 (Raramente) ☐ 3 (Frequentemente) ☐ 4 (Sempre)

8. **Eu me mantenho calmo e equilibrado mesmo quando minha situação emocional parece desfavorável.**

☐ 1 (Nunca) ☐ 2 (Raramente) ☐ 3 (Frequentemente) ☐ 4 (Sempre)

9. **Eu me mantenho curioso em relação às experiências emocionais que se desenrolam.**

☐ 1 (Nunca) ☐ 2 (Raramente) ☐ 3 (Frequentemente) ☐ 4 (Sempre)

10. **Sou grato por minhas emoções à medida que elas surgem, mesmo quando eu não as tenha escolhido.**

☐ 1 (Nunca) ☐ 2 (Raramente) ☐ 3 (Frequentemente) ☐ 4 (Sempre)

Esta é a parte complicada do controle: ele é elogiado por todos. Se você consegue controlar suas emoções, você aparenta ser saudável. Você demonstra tranquilidade quando o chefe está furioso. Parece confiante ao ser excluído de uma confraternização divertida. Sorri para seu filho quando ele demonstra desespero por causa de um problema na escola. Parece estar no controle e livre de dramas, uma qualidade bastante valorizada no mundo em que vivemos. Eu entendo! Mas chegue mais perto e permita-me dizer...

Isso é uma loucura!

Não estou dizendo que devemos gritar com nossos filhos ou responder com raiva às reclamações de nosso chefe. Porém, estamos experimentando esses sentimentos, e há um momento e lugar para sermos honestos em relação a eles. E tudo começa ao sermos honestos com nós mesmos.

O objetivo não é controlar as emoções. É preciso curá-las e expressá-las de maneira saudável.

NÓS CONFRONTAMOS

Dizem que Winston Churchill costumava trabalhar em sua cama ou em sua banheira.

Eu entendo.

Ele estava carregando o peso emocional do mundo inteiro, enviando milhares de pessoas ao encontro da morte durante a Segunda Guerra Mundial, na tentativa de vencer uma guerra em prol do futuro da humanidade. Ele merecia um pouco de conforto enquanto tentava suportar tudo isso.

Você provavelmente entende isso também.

Quando estamos em uma situação difícil, buscamos qualquer conforto disponível, não é mesmo?

Na psicologia, o conceito de mecanismo de enfrentamento é qualquer coisa que fazemos para superar uma crise emocional. Essa não é a definição científica oficial, mas com base na minha experiência pessoal, é bastante precisa. E, segundo uma pesquisa da Myriad Genetics em âmbito nacional[1], cerca de 77% das pessoas já recorreram a "comportamentos viciantes ou mecanismos de enfrentamento prejudiciais à saúde" em resposta a problemas de saúde mental, como depressão e ansiedade.

A lista de mecanismos de enfrentamento é praticamente interminável: procrastinação, letargia, uso de drogas, ingestão exagerada de comida ou álcool, sono excessivo, automutilação, isolamento social, vício em trabalho, compras online, comportamentos obsessivo-compulsivos e muito mais. Você pode estar procurando novos episódios para assistir, passatempos interessantes, outra bebida — enfim, qualquer coisa para abafar o que está sentindo.

Talvez o modo como você evita seus sentimentos seja navegar pelas mídias sociais por horas a fio.

Talvez você ligue para uma amiga e gaste sua energia fofocando.

Talvez trabalhe sem parar, achando que encontrará sentido na vida se finalmente for bem-sucedido.

Talvez faça muitas compras online, porque isso o faz se sentir melhor.

Talvez se perca em qualquer coisa que o ajude a esquecer. Nunca fiz nenhuma dessas coisas. Nunca. *Ah, sim!*

É claro que alguns de nossos mecanismos de enfrentamento são, à primeira vista, inofensivos e não tão prejudiciais. De vez em quando, o corpo precisa relaxar. Minhas duas maneiras favoritas de lidar com isso são maratonar séries na Netflix e comer muito queijo com minhas melhores amigas.

Por mais agradáveis que essas coisas possam ser, o conforto que elas trazem é momentâneo; a distração e o prazer são sempre de curta duração, principalmente se nunca lidarmos com o que há por trás disso. Percebi, na minha vida e na de muitas pessoas que conheço de perto, que algo que começa como um mecanismo de enfrentamento ocasional pode, em muito pouco tempo, transformar-se em um hábito diário e, possivelmente, um vício.

Quer admitamos ou não, o motivo pelo qual buscamos a fuga por meio desses mecanismos é que não estamos dispostos a lidar com nosso verdadeiro estado emocional — ou não conseguimos fazê-lo. *Não con-*

seguimos lidar com o que sentimos e, por isso, buscamos alguma forma de escape.

Então, permita-me perguntar: Quais são suas preferências quando se trata de confrontar uma situação?

Estamos adoecendo devido ao modo como lidamos com as situações. Acreditamos que, ao nos isolarmos e nos anestesiarmos, estamos relaxando, mas a verdade é que estamos perdendo as dádivas divinas que têm o objetivo de nos manter em um relacionamento agradável com Deus. Ao confrontarmos dessa maneira, deixamos de lado relacionamentos profundos e significativos com outras pessoas.

Nas páginas a seguir, aprenderemos a processar os sentimentos de maneira eficaz em tempo real. Antes, dê uma olhada no Salmo 38. Ele é um poderoso lembrete do que seu autor, Davi, sabia muito bem: Existe um lugar apropriado para expressar nossa decepção. Existe um lugar seguro para guardar nossa raiva. Existe um lugar apropriado para guardarmos nossa angústia e frustração. Existe um lugar para onde levar nossa solidão e tédio. Podemos entregar tudo isso a Jesus. Podemos recorrer a Ele e dizer: "Ajude-me a processar isso". "Ajude-me a estar com o Senhor." "Ajude-me a ficar quieto e não precisar pegar meu celular." "Ajude-me a não escolher o álcool à noite."

NÓS CAMUFLAMOS

Quando nosso filho mais velho, Conner, tinha 2 anos de idade, logo após a chegada de sua irmãzinha, decidi que precisávamos sair um pouco. Então, pegamos o carro e fomos ao shopping com minha mãe e minha irmã. De alguma forma, no gigantesco shopping de Dallas, Conner sumiu. Ele estava vestindo uma camiseta laranja vivo e tinha cabelos loiros descoloridos pelo sol, mas simplesmente desapareceu da vista de todos. Uma hora havia se passado, então tive que fazer a ligação mais difícil da minha vida para informar ao meu marido que nosso filho estava desaparecido.

Ninguém quer fazer essa ligação. Ninguém quer *receber* essa ligação.

As lojas tinham sido fechadas e trancadas, e todos os funcionários estavam procurando por ele. A polícia foi chamada. Uma hora depois de ele ter desaparecido, um dos funcionários da Banana Republic escutou um leve ruído. Eles afastaram as roupas e encontraram Conner escondido entre uma parede e uma prateleira de calças. Quando encontrei meu filho, ele estava chorando. Eu queria matá-lo. Mas nunca em minha vida fiquei tão feliz em ver alguém.

Ele estava chorando porque, durante todo o tempo em que nos ouviu procurando por ele e gritando seu nome, ele só conseguia pensar que ia se meter em encrenca. Então ficou quieto. Ficou ali sentado, assustado, escondido atrás das calças da Banana Republic.

Talvez você seja especialista em se esconder atrás das calças. Prefere ficar sentado em silêncio, mantendo todas as suas emoções e seus sentimentos escondidos, do que correr o risco de manifestá-los ao assumir a gravidade e a realidade que o aguardam. Portanto, você fica colado na parede. Isso, porém, não muda o fato de que há uma série de situações à sua espera que precisam ser resolvidas e que não desaparecerão pelo simples fato de você se esconder atrás das calças. Na verdade, quanto mais o tempo passa, mais desesperada, caótica e urgente se torna sua realidade.

Por favor me escute: **Você não precisa contar para *todos*, mas precisa contar para *alguém*.**

Conheço os danos causados por uma reação às nossas emoções; também conheço a *beleza* que elas podem despertar. As emoções são instrumentos. Ou seja, sempre que sentimos uma emoção, podemos usá-la para nos levar em direção a Deus, ou para ficar inertes e cometer pecados.

Eis o que não podemos fazer se quisermos ter uma vida saudável e livre: deixar de lado o que sentimos e seguir em frente.

Eu me lembro do meu filho entrando no carro após uma confusão durante o ensino médio. Às vezes, ele explode e me conta todas as coisas desagradáveis do seu dia, e vamos ao McDonald's comprar um milk-shake e um cheeseburger; às quatro da tarde, ele já está rindo. Em outros dias, ele fica quieto na dele, talvez por vergonha ou pura exaustão, e no jantar explode com um de nós.

É desgastante a quantidade de energia que gastamos para tentar manter nossa caixinha de emoções escondida e fora de vista. E mesmo com todo esse esforço, as emoções acumuladas inevitavelmente acabam saindo, muitas vezes de maneira indireta, atingindo as pessoas que amamos.

As caixas abarrotadas de sentimentos não podem permanecer fechadas para sempre.

Vou repetir: você não precisa contar para *todos*, mas precisa contar para *alguém*.

Como você está se sentindo de verdade? Os especialistas em disfarces adoram a palavra "*bem*". É o melhor tapete para cobrir os lugares desagradáveis da nossa vida. *Bem* é um termo curto, gramaticalmente correto e gera pouquíssimas perguntas adicionais. Porém também não faz nada para ajudar a resolver o turbilhão de emoções que você manteve em uma caixinha no fundo de sua mente.

Um exemplo de como a estratégia de encobrir as emoções pode afetar a alma e o corpo — cada parte do corpo — é meu genro, Charlie, que gentilmente me autorizou a contar sobre sua ida à terapia pela primeira vez em toda a sua vida.

Charlie é um sujeito que sempre estava bem. Ele é muito tranquilo, não se deixa levar pelas circunstâncias com facilidade, o tipo de pessoa que aceita as coisas como são e cujo motor interno funciona perfeitamente quase sete dias por semana.

Recentemente, no entanto, Charlie começou a se preocupar com algumas coisas que achava que deveria enfrentar. A sugestão de seus amigos e familiares foi algo como: "Vamos orar por você. Você já conversou com um médico sobre como está se sentindo? E quanto à terapia, você já fez?"

Ele entendeu a mensagem.

Então, Charlie foi à terapia pela primeira vez. E quando chegou em casa, ele tirou um cochilo de cinco horas.

No meio da tarde.

Quando mais tarde ele contou para nós o que havia acontecido, todos rimos juntos. Porque todos já havíamos passado por isso antes.

E adivinhe o que Charlie fez? Agendou outra consulta com aquele terapeuta. Após a consulta seguinte, ele ligou e agendou novamente.

E continuou indo ao terapeuta.

Assim que se recuperou emocionalmente, ele começou a contar aos amigos como se sentia melhor e mais lúcido. Passou a ter conversas mais profundas e significativas com essas pessoas, ouvindo-as com mais atenção e gentileza do que muitos deles jamais haviam experimentado na vida.

À medida que começou a se curar, ele passou a levar a cura para outras pessoas.

É assim que funciona.

. . .

É DIFÍCIL desaprender os padrões que estão arraigados em nossas mentes. Mas, se escolhermos sempre o caminho mais fácil, se nos esquivarmos por meio do controle, do combate e da camuflagem, perderemos as melhores oportunidades da vida. Os aspectos que estamos realmente almejando.

Existe uma maneira melhor de reagir às emoções: aceitar plenamente o propósito para o qual elas foram criadas — conexão. Conexão com Deus e com outras pessoas.

6

CRIADO PARA SE CONECTAR

Você já se encontrou com alguém para tomar um café ou almoçar e essa pessoa começou a lhe contar tudo o que estava acontecendo na vida dela, talvez até chorando?

Como você se sentiu nesse momento? Certamente um pouco constrangido no início, mas por trás da incerteza do que dizer ou fazer no momento, o que você sentiu?

Aposto que sentiu compaixão. Afeto.

Até mesmo gratidão pela pessoa ter compartilhado algo de sua vida com você.

Você se sentiu *conectado* a ela, apesar de não a conhecer muito bem. É isso que as emoções fazem: elas nos conectam ao que é mais importante. E a quem mais importa.

Nossas emoções têm um propósito, que é nos conectar a Deus e uns aos outros.

A CORDA QUE NOS CONECTA A DEUS

Tudo o que Deus colocou dentro de nós tem o propósito de nos aproximar d'Ele, de confiar n'Ele. Se eliminarmos o medo que nos faz sentir como crianças, perdemos a inclinação de nos aproximar e pedir Sua ajuda. Se perdermos o entusiasmo diante de uma refeição maravilhosa, deixaremos de nos maravilhar e nos admirar com as dádivas de Deus. Se perdermos a esperança, nunca mais olharemos para o céu. Se perdermos a paz, nunca descansaremos nos braços de Deus.

A verdade que nos liberta começa com a verdade de que estamos tristes ou aflitos e precisamos urgentemente de ajuda. Não existe esperança com relação à saúde, à alegria, à paz e à salvação sem Jesus, Aquele que é tudo e fez tudo por nós. Ele morreu na cruz pelos nossos pecados. Ele ressuscitou para uma nova vida. Ele nos oferece graça, perdão e uma eternidade ao lado d'Ele.

Isso é tudo.

Esse é o evangelho.

A Bíblia é clara ao dizer que essa verdade nos liberta:

> Jesus disse aos judeus que acreditaram n'Ele: "Se vocês permanecerem firmes na minha palavra, verdadeiramente serão meus discípulos. E conhecerão a verdade, e a verdade os libertará... Portanto, se o Filho os libertar, vocês de fato serão livres".[1]

Certamente, Jesus está falando de Si mesmo neste versículo: a verdade sobre quem Ele é como o meio e o caminho para a salvação. A liberdade definitiva de que precisamos é ser libertos das consequências eternas de nossos pecados. E ela está disponível agora mesmo para aqueles que confiam em Jesus como o único meio de salvação.

E não para por aí. A Bíblia está repleta de histórias de pessoas que desenvolveram esperança, verdade e liberdade por meio de suas emoções, de seus sentimentos.

Paulo odiava os cristãos e costumava assassiná-los, até que Cristo foi ao seu encontro e o resgatou. Essa emoção intensa se transformou em graça e fervor para espalhar pelo mundo a esperança de Jesus.[2]

O rei Davi expôs seus sentimentos ao longo do livro dos Salmos. Os cânticos de lamentação são as partes mais emotivas, cruas e confusas da Bíblia. Ele está furioso com Deus. Está triste com Deus. Ele perde toda a esperança e, em sua sinceridade com Ele, consigo mesmo e com as pessoas que o ouvem, ele retoma tudo o que sabe ser bom e verdadeiro em relação a Deus.

A beleza de Davi e dos Salmos está em permitir-se sentir tudo isso. Davi tinha total confiança de que Deus era capaz de lidar com todas as suas emoções, inclusive as que o faziam duvidar de Sua bondade e amor. Ao ver a injustiça passar impune, ele fica furioso!

Ele se sentia seguro o suficiente com Deus para enfrentar tudo isso! E você?

A VERDADE? ELA é libertadora. Quando dizemos a verdade, nos sentimos livres! Mas não conseguimos fazer isso sem admitir como estamos nos sentindo, sem confessar nossa experiência vivida.

Podemos admitir o pecado.

Podemos compartilhar nossa dor.

Podemos confidenciar nossos medos.

Podemos chorar em momentos de angústia.

Podemos expressar nossos pensamentos, desde que também expressemos nossos sentimentos. Conte a Deus e aos seus entes queridos de confiança todas essas coisas, para que finalmente possa viver completamente livre e conectado aos outros por meio da corda das emoções.

SE, AO LER essas palavras, você se sentir paralisado pela tristeza, raiva, mágoa ou decepção, gostaria que soubesse de uma coisa: diante de tudo a que somos apresentados neste Universo maravilhoso, é surpreendente que você não sinta nada *além* do que está sentindo agora. Essa é a primeira coisa que eu diria se estivéssemos sentados um diante do outro.

Sabemos que as emoções são universais. Elas nos deixam extasiados quando vemos nossos filhos darem os primeiros passos. Elas nos causam náuseas quando estamos nervosos e assustados. Nos fazem sentir o coração apertado quando somos lembrados que o futuro está além de nosso controle. Nos deixam angustiados quando nos apaixonamos e não temos certeza de como a outra pessoa se sente. Nos fazem chorar quando vemos a dor e o sofrimento e não conseguimos resolver o problema em nossas vidas ou no mundo. As emoções estão ligadas aos pensamentos, mas também são diferentes de certa forma.

Você provavelmente se sente como se estivesse diante de um oceano de emoções, perguntando-se como conseguirá atravessá-lo. Ele é grande demais. Toda a esperança e tristeza, alegria e ansiedade, lembranças boas e dolorosas. Como fazer essa travessia? E, então, a vida continua, a realidade das pessoas que precisam comer, as tarefas que devem ser cumpridas, os lugares onde você precisa estar.

Como faço para lidar com esse oceano?

Será que quero lidar com isso agora?

Gostaria de lembrá-lo de que você não está sozinho nessa costa. O mesmo Deus que acompanhou os hebreus enquanto eles olhavam para as águas à sua frente, cientes de que os egípcios estavam se aproximando pela retaguarda, e que abriu caminho em meio às águas — Ele abriu caminho no meio das águas! — esse Deus está próximo. Ele está bem ao seu lado. Ele pode fazer um milagre aqui.

É nessa encruzilhada que a batalha acontece.

Se isso for novidade para você, é importante saber que, como seguidores de Jesus Cristo, temos um inimigo. Um inimigo perigoso que quer nos destruir. O objetivo dele é criar o caos e a discórdia. Quando falamos desse assunto em silêncio com nós mesmos e ao observarmos nosso ambiente familiar, nossas amizades e o mundo como um todo, pensamos que o Inimigo está obtendo êxito em seu propósito. A atmosfera emocional parece caótica e dividida.

Então, nos isolamos.

Queremos fugir porque tudo parece muito grande e difícil, e não nos sentimos preparados.

Isso me lembra de quando Zac alugou um pequeno barco durante uma viagem de férias. Ele me levou para o mar aberto em um barco do tamanho de uma mesa de jantar. Teria sido ótimo, não fossem as ondas maiores que o barco. Quase morremos. É sério. Até meu marido, que nunca se preocupa com nada, colocou seu pequeno colete salva-vidas laranja.

A questão é a seguinte: não estávamos preparados.

Isso não deveria ter acontecido.

Eu me lembro de Moisés, que foi chamado por Deus através da sarça ardente para uma grande missão. Ele sentia medo, confusão, insegurança. Deus não o conforta dizendo-lhe que as circunstâncias serão fáceis ou factíveis; Ele o conforta lembrando-o de quem Ele é. Ele diz a Moisés: "EU SOU O QUE SOU".[3]

> Eu EXISTO antes que o tempo existisse.
>
> Eu EXISTO após o fim da história da Terra.
>
> Eu ESTOU protegido contra todos os medos.
>
> Eu SOU forte o suficiente para vencê-los.
>
> Eu NÃO VOU a lugar algum.
>
> Eu JÁ ESTOU no futuro.
>
> Eu SOU o detentor de cada um de seus pensamentos.
>
> Eu SOU o detentor do Universo.
>
> Eu NÃO SOU frustrado pelos planos do Inimigo.
>
> Eu ESTOU planejando coisas inimagináveis para seu futuro.
>
> Eu ESTOU presente nos dias de celebração de um nascimento.
>
> Eu ESTOU presente no dia do enterro do ente querido.

Nossa segurança máxima se baseia total e completamente em quem Deus é. Ele é a razão de tudo estar bem. Ele também é a razão pela qual somos frágeis, duvidamos, tememos e choramos.

Pensamos que Deus está esperando que nos recomponhamos, mas, na verdade, Ele apenas espera que nos aproximemos d'Ele e nos desestruturemos.

Quanto mais faço isso, mais me fortaleço.

Quanto menos faço isso com Deus e com as pessoas, mais a ansiedade e a depressão se intensificam em mim.

E isso vale para você também.

Jesus disse: "A não ser que vocês se convertam e se tornem como crianças, jamais entrarão no Reino dos céus".[4]

Ele estava se dirigindo aos sabichões, aos que lideravam com a cabeça e não com o coração. Estava se dirigindo àqueles que viam a vida como um trabalho a ser recompensado, e não como uma parceria.

Precisamos voltar a ser crianças diante de Deus. Carentes. Sinceros. Chorando se necessário.

No Sermão da Montanha, Jesus diz: "Bem-aventurados os que choram, pois serão consolados".[5]

As pessoas são mais abençoadas quando choram porque recebem Deus em um estado que aquelas que só tentam ser felizes não recebem. Ele está dizendo: "Venha cá. Estou aqui com você. Quero estar com você nesse momento, filho(a)".

Talvez você tenha tido depressão pós-parto...

Talvez tenha sofrido durante anos com a perda de um ente querido...

Talvez tenha se submetido a inúmeros exames médicos e ainda não tenha conseguido descobrir o que há de errado...

Qualquer que seja a situação que o tenha deixado preso em seus sentimentos, Deus está lhe dizendo: "Estou na outra ponta dessa corda. Desista de querer ter o controle, de enfrentar a situação, de se esconder. Venha contar tudo. Venha e sinta tudo. Estou com você. Quero tê-lo ao meu lado".

As emoções são as dádivas que nos conectam: a nós mesmos, a Deus e ao próximo.

"Bem-aventurados os que choram." Obtemos mais de Deus e uns dos outros se abrirmos nosso coração para isso.

O QUE DEUS QUER PARA VOCÊ

Gostaria de fazer uma rápida interrupção para que você respire e sinta a imensa compaixão que tenho por você. Entendo como você lidou com suas emoções no passado e como pode estar se sentindo preso a elas neste momento. Volto a dizer, é claro. Certamente você tem controlado, confrontado e buscado camuflar seus sentimentos. É claro que, às vezes, agiu errado de diversas maneiras e chegou a ofender Deus em virtude do excesso de emoções. É claro que sim! Porque é tudo muito difícil! Você carregou mais mágoa do que deveria. Então, é claro que é mais fácil tentar controlar, confrontar ou camuflar isso. E é claro que, às vezes, você desmorona sob o peso de tudo isso.

É óbvio que você se sente assim. Todos desmoronamos.

Porque é tudo muito difícil.

Mas adivinhe? "Não temos um sumo sacerdote que não possa compadecer-se das nossas fraquezas, mas sim alguém que, como nós, passou por todo tipo de tentação, porém, sem pecado." Assim sendo, continua o escritor de Hebreus, "aproximemo-nos do trono da graça com toda a confiança, a fim de recebermos misericórdia e encontrarmos graça que nos ajude no momento da necessidade".[6]

Jesus nos ajudará a fazer isso. Minha meta para este livro é que você se sinta como se eu estivesse caminhando ao seu lado e apontando para Jesus, que está conosco, nos guiando para que voltemos a ter sentimentos e nos curemos.

Acredito que Ele esteja fazendo exatamente isso.

Se você seguir Jesus, terá um coração renovado. O Espírito Santo está com você e em você, devolvendo-lhe a capacidade de amar por meio dos sentimentos que antes só o levavam ao egoísmo. Continuamos precisando de Deus. Precisamos que Ele nos guie em todos os momentos enquanto conversamos com Ele, perguntando o que devemos aprender e o que devemos fazer. Todo sentimento merece ser sentido e direcionado às Escrituras e a Jesus. Todo sentimento deve nos levar a perguntar a Deus: "O que devo fazer?"

Jeremias 17:9, versículo já mencionado neste livro e tão frequentemente citado para nos lembrar de que o coração é enganoso, nunca teve a intenção de anular a dádiva dos sentimentos. É um lembrete de que precisamos de Deus em meio a eles. Precisamos da verdade em meio aos sentimentos.

Jesus disse a respeito de si mesmo,

O Espírito do Senhor está sobre mim,
porque ele me ungiu
para pregar boas novas aos pobres.
Ele me enviou para proclamar liberdade aos presos
e recuperação da vista aos cegos,
para libertar os oprimidos,
e proclamar o ano da graça do Senhor.[7]

Essa liberdade é uma promessa não só para o Céu, mas também para sua alma hoje, e ela vem quando você aceita a verdade. Toda a verdade em você e ao seu redor.

Qual é a verdade?

Davi, o salmista, escreveu o seguinte sobre Deus: "Sei que desejas a verdade no íntimo; e no coração me ensinas a sabedoria".[8] É isso que Deus quer para você: sabedoria e verdade, não só na mente, no coração e no corpo, mas *em seu âmago*, curando a alma até a essência de quem você é e por que está aqui.

Deus nos criou como mente, corpo e alma. Ele nos revestiu de carne e nos colocou neste tempo e espaço, e **o mistério sobre o que sentimos e como o vivenciamos sugere um Deus que não só moldou nossas emoções, mas também as sente profundamente.**

A CORDA QUE NOS CONECTA UNS AOS OUTROS

A conexão com Deus não é a única dádiva que recebemos quando somos honestos em relação às nossas emoções.

Quando eu estava presa naquele estado de dormência que inicialmente me levou a iniciar a jornada para entender melhor minhas emoções, perguntei a um terapeuta que conheci durante uma sessão em grupo se poderia me encontrar com ele individualmente. Na época, eu estava no meio de um período sabático para tentar me restabelecer após o burnout. Não sei se consigo expressar em palavras o que senti na época, mas a sensação geral era de estar sobrecarregada. Eu estava trabalhando tão intensamente há tanto tempo que minha vida parecia estar no piloto automático.

Meu lado empreendedor continuava se manifestando, se empenhando, tentando seguir o jogo sem que ninguém percebesse que eu não estava presente. Eu estava naufragando. Era julho e eu deveria voltar ao trabalho em agosto, mas toda vez que pensava nisso, meu coração disparava, minha mente se agitava e eu me sentia sobrecarregada a ponto de entrar em pânico.

O chamado mais importante da minha vida passou a me causar pânico, ansiedade e apreensão.

Expliquei tudo isso ao Dr. C. — como costumo chamá-lo — durante nossa videochamada, quando ele perguntou o que precisava saber sobre meu estado *real*. Foi quando ele me deu um conselho incrível...

Espere, ele não me deu conselho algum. Pelo contrário, o Dr. C. me ouviu. Ouviu atentamente. Fez perguntas inteligentes. E me disse que era perfeitamente compreensível eu me sentir assim.

Ele disse algo que não esquecerei nunca mais: "Jennie, sei que você está estressada e frustrada e quero que saiba que nunca me cansarei de ouvi-la dizer como se sente de verdade. Não vou sair desta sala". Era uma metáfora, já que estávamos no Zoom, mas eu entendi o que ele quis dizer.

Não vou sair desta sala.

Não é disso que temos medo? Que ao expressarmos nossos sentimentos, a pessoa (ou pessoas) em quem confiamos recue discretamente e saia porta afora para fugir do problema?

O que sei é o seguinte: entrei naquela videochamada sentindo que estava prestes a abandonar minha missão, não porque Deus não a estivesse abençoando, mas porque eu não conseguia mais encontrar forças para conduzi-la.

Saí daquela sessão de terapia com a sensação de que estava conseguindo respirar novamente, tudo porque alguém do outro lado não tentou resolver o problema. Essa pessoa ouviu e continuou ali.

De certa forma, o peso que eu estava carregando foi milagrosamente removido. Eu estava tentando lidar com essa situação há mais de um ano na terapia de grupo. Mas, depois daquela sessão individual, fui até a cozinha comer algo e pensei: *O que foi que aconteceu? Como posso estar me sentindo tão melhor agora?*

Algum tempo depois, quando lhe perguntei que tipo de mágica ele havia feito para aliviar a ansiedade que eu sentia há tempos, o Dr. C. disse: "Na verdade, não há nada de mágico nisso. Você simplesmente não se sente mais sozinha".

POR AMOR, DEUS criou você, criou todas as pessoas e nos colocou na Terra.

Ele planejou andar conosco, conversar e nos ajudar ao longo da vida.

Ele queria ter contato conosco.

Não apenas isso, Ele queria que houvesse uma conexão entre nós, assim como Ele tinha uma conexão com Ele mesmo — Pai, Filho, Espírito. Ele viu o homem e soube que "não é bom" que ele esteja só.[9]

Por isso, Ele nos deu uns aos outros.

Para que pudéssemos conviver neste planeta.

Para que pudéssemos conviver uns com os outros como convivemos com Ele. Juntos.

Depois veio o pecado, e tudo se desfez. Mas Seu plano seria cumprido. Seu plano nunca mudou.

Jesus veio para nos reconectar a Deus e uns aos outros.

Mas aqui estamos nós, ainda nos comportando como se não precisássemos de Deus, como se não precisássemos uns dos outros.

A DIFICULDADE. O pesar. A alegria extasiante. O medo. A raiva. O objetivo de tudo isso era nos aproximar de Deus e fazer com que precisássemos uns dos outros.

Porque **o propósito da vida é a *conexão* — com Deus, com nosso interior e com as pessoas que Deus coloca no nosso canto específico do mundo.**

A maneira de encontrar e manter essas conexões é por meio dos sentimentos que nutrimos e incentivando as pessoas a fazerem o mesmo. Nas palavras do Dr. Curt Thompson: "Viver de acordo com o amor requer que eu preste atenção ao fato de que minha mente, por meio do processo emocional, deseja conectar-se a outras pessoas".[10]

A conexão é a razão de estarmos aqui.

ESTAR EMOCIONALMENTE PRESENTE, PARA NÓS MESMOS E PARA OS OUTROS

A conexão é o maior presente que recebemos na vida. Conexão com nós mesmos. Conexão uns com os outros. Conexão com Deus.

Isso explica por que a maior estratégia do inimigo é nos *desconectar* dessas coisas. E uma das maneiras de ele conseguir isso é manipular, distrair e confundir.

Portanto, no que se refere às emoções, Satanás está em plena atividade.

Veja a situação com a Kate: se eu não tivesse aprendido recentemente a lidar com meus sentimentos à medida que eles surgiam, garanto que, ao ser pressionada por minha filha, que me disse que talvez fosse se mudar, eu teria buscado o *controle* sem remorso nenhum.

E, ao tentar controlar minhas emoções, essa disfunção se transformaria em uma tentativa de controlar Kate.

Eu poderia ter ficado amargurada por meses — anos? —, recusando-me a comemorar *qualquer acontecimento* na vida dela. Poderia ter demonstrado, por meio de palavras e gestos, que me importava muito mais com o fato de ela poder se mudar do que com nosso relacionamento.

Enquanto eu estava ocupada surtando com a possível partida de Kate, não consegui estar presente e ouvir o que ela tinha em mente.

Enquanto eu me recolhia no meu quarto, com lágrimas escorrendo pelo rosto, não consegui corresponder ao pedido dela para se aproximar ao compartilhar seus planos comigo.

Eu poderia prosseguir, mas você entendeu a ideia:

É impossível estarmos disponíveis para Deus e para os outros quando nos recusamos a estar disponíveis para nós mesmos. É por isso que estou escrevendo este livro pensando em nós, para nos ensinar a fazer exatamente isso.

É impossível sermos emocionalmente saudáveis se nos recusarmos a ser emocionalmente sinceros.

Todos desejamos ter relacionamentos saudáveis e sólidos. A vulnerabilidade e a segurança preparam o caminho para esse objetivo. Sentir-se reconhecido, reconfortado e seguro são coisas que todos buscamos desde o momento em que nascemos e que não são possíveis sem que as emoções sejam compartilhadas. Nós as expressamos e as guardamos para outras pessoas.

Minha recente jornada de aconselhamento com o Dr. C. teve início quando minha amiga Jessica enviou uma mensagem de texto para um grupo de amigas — inclusive para mim — dizendo: "Meninas, precisamos marcar de nos reunir com certa frequência, para não nos sentirmos sozinhas com todo o estresse do dia a dia".

Ela propôs que nos reuníssemos em videochamadas mensais de três horas e fizéssemos uma viagem anual de três dias para um retiro — esse seria o compromisso que estaríamos assumindo ao aceitar fazer parte desse grupo de amigas. E ela convidou o Dr. C. para ser nosso conselheiro.

Eu precisava disso. Estava angustiada há meses, talvez anos, por causa do trabalho. Dez anos antes, o estudo bíblico em minha pequena sala de estar havia se transformado — sem a intenção de ninguém — em um ministério público. Conforme mencionei anteriormente, eu estava à frente de um ministério em expansão, o IF:Gathering, que deveria ser o maior orgulho da minha vida. No entanto, eu estava à beira do colapso e não entendia bem por que. Eu adorava meu trabalho, mas a pressão estava me sufocando. Precisava de pessoas que me entendessem e pudessem me ajudar a compreender o que havia de errado.

Honestamente, eu queria que as pessoas me curassem. Era isso que eu estava esperando.

Respondi à mensagem de Jess: *Estou dentro.*

No local do retiro, durante a confraternização presencial, eu respirei aliviada. Observei aqueles rostos ansiosos olhando para mim, todos de amigas queridas, a maioria das quais conhecia há uma década — mulheres que eu admirava e adorava.

O Dr. C. atuou como nosso mediador. Como ele e eu já havíamos nos encontrado em circunstâncias semelhantes anos antes, eu sabia que essa experiência exigiria uma exposição detalhada dos meus sentimentos e motivos. Sempre me sinto desconfortável nessas circunstâncias. Além disso, o fato de essas amigas, que sabem que não sou muito boa em lidar com sentimentos, me deixou ainda mais ansiosa. Mas eu estava preparada. Queria impressioná-las com minha capacidade de expressar meus sentimentos. Eu tinha sentimentos, e estava disposta a compartilhá-los.

Fui a segunda a falar. Contei diversas histórias sobre mágoas, rejeição e desapontamento em relação às pessoas, ao trabalho e à vida. Em meio às lágrimas, cerrei os punhos e disse com intensidade: "Estou com raiva. Estou furiosa com Deus. Sinto que Ele me usou e me convocou para uma jornada tão grande e arriscada e, às vezes, sinto que Ele me abandonou. Estou cansada da pressão e não quero mais fazer isso, embora ainda O ame e não queira decepcioná-lO. Tudo isso faz com que eu me sinta presa".

Agora eu chorava, o tipo de choro que impede que você continue falando, que faz sua respiração emitir ruídos estranhos e deixa os olhos do público arregalados.

"Eu odeio... isso", gaguejei por fim. "Estou... tão [soluços] cansada. Tão exausta. Tão... frustrada... irritada e... [mais soluços] triste."

Eu estava com raiva.

Estava *furiosa*. Sentia-me usada e descartada por Deus, e finalmente estava admitindo isso.

Por fim, ouvi uma voz em meio ao meu choro. "Deus não é assim."

"Sei que está sofrendo", disse outra, "mas, Jennie, isso não é verdade."

"Deve haver mais alguma coisa acontecendo", uma terceira pessoa quase sussurrou. "Não creio que Deus faria isso com você."

Minha raiva se transformou em fúria. Como eu poderia ter sido tão mal interpretada por essas amigas?

Eu estava prestes a sair correndo, no clássico estilo Jennie. Entrar, fazer o que era preciso e cair fora dali. Pensei que tinha cumprido bem a tarefa. Fui o mais verdadeira possível. Mostrei todos os sentimentos reprimidos que vinha enfrentando, e agora me sentia péssima e julgada por isso.

Outra pessoa se manifestou, o único homem na sala, nosso destemido e brilhante líder, Dr. C.: "Jennie, o que você acha do que elas estão compartilhando com você?"

Naquele momento, eu tinha uma escolha: poderia me acalmar — algumas palavras agradáveis foram ditas entre todos os julgamentos, e eu poderia optar por focar isso. Ou poderia mostrar a elas o quanto estava irritada e magoada, expressando como realmente me sentia.

Ao romper aquele silêncio incômodo em que ninguém sabe o que dizer ou fazer, respondi: "Sinceramente, estou irritada. Acabei de compartilhar todas as minhas mágoas e vocês me fizeram acreditar que eu não deveria me sentir assim. E talvez vocês estejam certas. Mas eu me sinto assim. E pensei que seria seguro dizer isso. Mas agora acho que vocês estão defendendo Deus e tentando descobrir onde eu errei".

O Dr. C. sorriu, satisfeito com minha coragem, enquanto minhas amigas se remexiam em seus lugares. Alguém — talvez a Melissa ou a Ann? — se manifestou. "Estou... triste... por você se sentir incompreendida por nós", disse ela. "Sinto muito. Fico triste por você se sentir julgada e envergonhada."

Com essas simples palavras "eu sinto", algo se desprendeu dentro de mim. Algo que parecia não ter sido bem compreendido.

O restante do grupo assentiu com a cabeça, concordando com o que foi dito. Elas pediram desculpas. Disseram que estavam orgulhosas por eu ainda obedecer a Deus, mesmo quando estava tão irritada, e por ter sido sincera com elas.

Eu me senti segura novamente. Me senti reconhecida. Confortada. Fui de um sentimento de raiva e incompreensão para um sentimento de profunda intimidade com mulheres que me haviam magoado momentos antes. A ironia é que, ao admitir minha raiva a Deus, não me senti mais tão zangada com Ele. E não me senti tão sozinha nisso tudo.

"A tendência de cada uma de vocês sempre será tentar corrigir a outra", disse o Dr. C., "porque vocês são, essencialmente, solucionadoras de problemas." Em vez de tentar solucionar os problemas umas das outras, o Dr. C. queria que sentíssemos. Tendo isso como motivação, ele estabeleceu algumas regras básicas para o período que passaríamos juntas.

Ouvir atentamente.

Ouvir com atenção.

Responder apenas com "Eu sinto...", não com "Eu acho".

Se alguém além de mim estivesse sentada chorando quando o Dr. C. estabeleceu essas regras, eu não teria entendido como elas poderiam ajudar. Teria sido cínica, pensando: *Não. As pessoas precisam ter uma perspectiva. Elas precisam entender suas convicções. Precisam conhecer a verdade. São essas coisas que ajudam as pessoas, que as fortalecem.*

Mas eu tinha acabado de experimentar algo novo. A sala e minha alma haviam mudado completamente, tudo porque as pessoas pararam de apenas opinar sobre meus problemas e passaram a expressar seus sentimentos.

Então, eu estava completamente envolvida nessa jornada para a qual o Dr. C. estava nos convocando. Era um estilo de vida completamente novo, uma nova maneira de expressar meus sentimentos. Foi confuso e até um pouco assustador, mas marcou o início de um processo transformador. Eu *sinto*. Hoje, eu realmente sinto. Compartilho todos os sentimentos com meu grupo de amigas e por causa delas. Não estou totalmente curada, mas estou diferente, porque agora me sinto à vontade em meu íntimo com Deus e com as pessoas.

Essa cura me libertou em muitas outras esferas. Agora consigo abraçar meu filho que está chorando sem me preocupar em fazê-lo parar. Consigo acolher a dor de uma amiga sem tentar solucioná-la imediatamente. Consigo sentar e permitir que minhas lágrimas escorram enquanto busco conforto em Jesus e em minhas amizades. Consigo comemorar, dançar e rir quando a vida é boa, porque meu coração está desperto, protegido e sendo compreendido.

Minhas cordas, antes emaranhadas, agora estão esticadas e firmes, conectando-me a Deus e às pessoas que amo. Em meio a tudo isso, descobri muito mais sobre a vida plena e rica que Jesus prometeu.

Desejo isso para você também. Quero que você seja capaz de parar de tentar controlar, confrontar e camuflar, e perceba como as melhores partes da vida aparecem quando, de maneira vulnerável e corajosa, desatamos os nós dessa corda por meio da conexão com Deus e com as pessoas.

7

A PERSPECTIVA DE ALGO MELHOR

Antes de começarmos a trabalhar no processo de experimentar nossos sentimentos, quero lhe fazer uma pergunta: Quando você reflete sobre sua vida emocional, o que almeja?

Essa é uma pergunta sobre perspectivas, aspirações, anseios e sonhos. E é importante começar dessa forma porque é algo em que não pensamos com tanta frequência.

Talvez você queira ser mais sincero e sentimental para poder se conectar com sua família ou seus amigos de forma mais compassiva. Ou talvez queira superar a amargura da qual parece não conseguir se livrar. Ou, ainda, queira recuperar a esperança e parar de se sentir tão triste todos os dias.

Talvez você esteja cansado de sentir tantas emoções intensas e queira só um pouco de tranquilidade. São tantos sentimentos que você só quer saber o que fazer com tudo isso, mas a confusão faz com que fique paralisado e com raiva do mundo. Ou talvez você esteja tão triste que não consegue continuar, pois tudo acaba dando errado e magoando as pessoas que você ama por acidente.

Todas essas coisas. Eu entendo.

Eu entendo tudo isso, de verdade. E digo a você: existe esperança para essa situação.

O que tenho aprendido à medida que me esforço para superar meu estado de dormência é o seguinte: em vez de sentirmos vergonha de nós mesmos pelas emoções que sentimos (ou escolhemos *não* sentir, conforme o caso), podemos observar o mundo ao nosso redor, olhar para nós mesmos diretamente nos olhos e dizer: "É *claro* que você se sente assim".

O mundo é *selvagem*. É claro que temos emoções intensas!

Para quem já leu meus livros anteriores, sabe que sou uma entusiasta fervorosa do clássico estelar de John Bunyan, *O Peregrino*. Adoro esse livro porque ele mostra o caos da trajetória cristã. O personagem principal, cujo nome não é nada sutil, Christian, começa a confiar em Jesus no início de sua jornada, embora continue sofrendo com o desespero, preso ao medo e à dúvida e se distraindo com coisas mundanas. É muito fácil se identificar com isso. Afinal, **como foi que nós, que conhecemos Jesus, tivemos a ideia de que teríamos uma trajetória fácil e tranquila até o céu?** O caminho de *volta* para casa é uma jornada difícil.

Vamos precisar de Deus e uns dos outros se quisermos sobreviver. Mas não é esse o objetivo? A arrogância e a pretensão que adquirimos porque não devemos sentir nossas emoções ou dar muita importância a elas — quanta bobagem. Os sentimentos frequentemente nos revelam algo verdadeiro.

São os sentimentos que nos indicam que há algo errado.

São os sentimentos que nos informam que estamos machucados.

São os sentimentos que nos dizem que precisamos da ajuda de Deus.

São os sentimentos que nos dizem que estamos vivos.

Mesmo que você não tenha sofrido nenhum tipo de abuso na infância, ainda assim não passou ileso por essa fase. Nossa experiência neste planeta está longe de ser perfeita — e é assim com todos. Por isso, não só é aceitável ter emoções confusas, como também é o que deve acontecer.

Por quê? Porque quanto mais nos permitimos sentir tudo o que estamos sentindo de verdade, mais livres estaremos para amar e criar usando toda a energia que costumamos desperdiçar tentando manter esses sentimentos sob controle.

Todos fazemos besteira — cada um de nós.

Mas, **em meio à bagunça, nossas emoções também podem iluminar o caminho para uma inegável beleza.**

UMA CONFUSÃO MAGNÍFICA

Gostaria de expor uma situação que aconteceu em minha vida há apenas três dias, para lhe mostrar que vale a pena ter um objetivo grandioso em relação à nossa vida emocional, que isso é totalmente possível e que até uma pessoa em recuperação como eu pode aspirar ao progresso emocional.

Você está pronto?

Aqui vai.

Há três dias, eu estava no meio da nossa casa, com meus filhos e dez mil amigos deles. Eu queria berrar porque Zac Allen tinha me deixado furiosa. Zac e eu nos tornamos muito bons em administrar o tumulto inevitável de uma vida em família, mas não somos perfeitos.

Naquela noite em particular, ele perdeu a paciência — um de nossos filhos perdeu a paciência — e eu estava prestes a perder a minha. Isso teria causado constrangimento porque a casa estava *cheia* de crianças que eram quase como se fossem minhas, mas não exatamente. Além disso, estávamos tendo uma noite agradável com jogos de tabuleiro e tacos. Fui para o quarto e comecei a chorar. Apesar de não poder entrar em detalhes sobre o motivo dessa briga, pois envolve pessoas e informações que não cabe a mim compartilhar, posso dizer que esse sentimento de raiva era, na verdade, um sentimento de mágoa.

Eu me senti traída.

Me senti ignorada.

Parecia que as pessoas que mais me amavam eram as que mais me magoavam.

Por que começar com essa história? Porque isso aconteceu na última quinta-feira. Ou seja, enquanto eu estava escrevendo este livro que trata de maneiras saudáveis de expressar nossos sentimentos.

Não prevejo um futuro em que todas as emoções estejam perfeitamente acomodadas nos lugares certos em nossos corpos e mentes, perfeitamente sob controle, expressas e compreendidas. Acredito que é importante sermos honestos em relação a isso. Não quero prometer demais e entregar de menos.

Mas vou lhe contar o que aconteceu desde quinta-feira e que acredito que poderia acontecer com você à medida que avançamos juntos.

Na quinta-feira à noite, chorei até dormir. Fazia alguns meses que eu não chorava. Fazia alguns anos que eu não ficava tão irritada. E estava envolvida até o pescoço em minhas pesquisas e descobertas sobre o plano de Deus para nossas emoções. O que eu poderia fazer de diferente do que teria feito antes de tudo isso?

Na sexta-feira de manhã, eu ainda estava chorosa e conversei com Deus por meio dessa tristeza e até mesmo da raiva. Não tive medo de nada disso. Simplesmente disse a Ele exatamente o que estava sentindo, temendo e pensando. Não resolvi tudo ou fingi que estava tudo bem; apenas clamei a Ele em meio ao caos.

Chamei meu filho, que estava no meio dessa confusão, e disse: "Você quer continuar chateado comigo?" Ele disse que não, mas ficou em seu quarto mesmo assim. Quando saiu, estava chorando, e nos sentimos mais próximos do que nunca.

Em vez de me afastar do meu marido e ficar de mau humor por dias, como teria feito no início do relacionamento, eu me aproximei dele também. Expressei com palavras como havia sido magoada e como me senti incompreendida. De alguma forma, em meio àquela confusão, também nos sentimos mais próximos do que nunca.

Esta jornada que estamos prestes a empreender não é mágica ou mística.

Vamos examinar maneiras realistas de sermos mais saudáveis emocionalmente.

Você acredita que pode ser emocionalmente livre e saudável?

Podemos desvendar nossas emoções e definir um caminho para superar a dor.

Garanto a você que podemos.

Mas também lhe asseguro que nem sempre será fácil.

SENTINDO O CAMINHO ÀS ESCURAS

Antes de avançarmos para a próxima parte do livro, gostaria de esclarecer um ponto importante. Existe uma diferença fundamental entre estar preso em suas emoções e sofrer de depressão clínica ou ansiedade. Acredito firmemente que o processo que estamos prestes a seguir pode servir de ajuda para qualquer pessoa que esteja buscando saúde emocional, mas também acredito que, às vezes, medicamentos e terapia são necessários.

Se você está passando por essa situação, quero que saiba que sinto muito. Pensei em você ao longo deste relato porque, enquanto escrevia, a pessoa que mais amo no mundo estava lutando contra a depressão e a ansiedade ao meu lado. E sei, com base em minha experiência pessoal com a depressão, como é necessário abordar esse assunto antes de prosseguirmos.

Já contei um pouco dessa parte da história do Zac e de mim antes, mas até hoje é difícil entender por que isso aconteceu conosco. No início do casamento, depois que Zac e eu fundamos e ampliamos uma igreja em Austin e, em seguida, transferimos para uma nova liderança, meu marido enfrentou um momento difícil. Eu me lembro dele dando seu último sermão e, então, como se fosse a última coisa a fazer, caindo em uma depressão profunda e sombria. Referindo-se a esse período, ele disse: "Nunca cogitei cometer suicídio, mas certamente passei a entender por que as pessoas o fazem". Ele diz que a depressão durou nove meses; minha lembrança é de que foi mais de um ano. De qualquer forma, foi um período longo demais para nós dois.

Não é exagero dizer que perdi meu marido naquele ano. Zac estava presente fisicamente presente, mas emocionalmente distante. Ele estava simplesmente... ausente. Sem brilho. Indiferente. Desinteressado. Apático a tudo o que estava acontecendo ou deixando de acontecer na vida de nossa família — com as crianças, comigo, com todos nós.

Tínhamos adotado uma criança pequena, e meu ministério estava se expandindo nessa mesma época. Durante muitas noites de insônia, eu me perguntava como conseguiria acordar no dia seguinte e encarar a jornada a partir dali. Era como ser atormentada por um fantasma que, por acaso, dormia na mesma cama que você.

Na maioria dos dias, Zac estabelecia algumas metas para si mesmo: levantar da cama, ir para a academia, tomar um banho e comer alguma coisa, se possível. Mas interagir significativamente com qualquer outro ser humano era impossível. Tempos depois, ele me contou que se sentia como se estivesse no fundo do oceano, olhando para a superfície iluminada pelo sol, quilômetros e quilômetros acima de sua cabeça. Ele via a luz e queria chegar até ela, mas não tinha a menor ideia de como chegar à superfície. E lá estava ele, sem sorrir, sem se mexer, deprimido.

Na época, um dos pastores da nossa igreja, chamado Kevin, afirmou a Zac que tudo ficaria bem. Ele lhe disse que a depressão não duraria para sempre e que em algum momento ele voltaria à ativa. É claro que Kevin não tinha como saber se isso era verdade, mas já havia ajudado muitos pastores a superar a depressão antes. Decidimos acreditar nele. Além disso, o que mais poderíamos fazer?

Graças a Deus, Kevin estava certo, e certo dia foi como se meu amado marido tivesse voltado de uma longa viagem a um lugar muito, muito distante. Ele estava de volta com toda sua essência: sorrindo, gargalhando, envolvendo-se, ministrando, servindo e amando a todos intensamente. Nós respiramos aliviados. Agora podíamos seguir em frente.

Tudo isso aconteceu há tanto tempo que parece que estou falando de outra vida. Por isso foi tão frustrante quando, mais ou menos na época em que decidi escrever este livro, comecei a perceber que Zac não estava bem novamente.

Nos últimos anos, Zac tem se empenhado em construir algo que satisfaça seu desejo de empreender e garantir o sustento de nossa família. Ele dedicou muitas horas à organização e à viabilidade desse negócio, planejando, criando estratégias, gerenciando e contabilizando todos os aspectos. Porém, as coisas estavam indo por água abaixo, e a ideia de que agora tudo acabaria estava deixando-o estressado, ansioso e trazendo muito sofrimento, algo que não via nele há tempos.

Ele estava respondendo corretamente às perguntas que eu fazia:

. . .

Sua personalidade está relacionada ao seu trabalho?

Não.

Você está zangado com Deus?

Não.

Você está se comparando a outras pessoas?

Não, de forma alguma.

Zac não estava tendo uma crise de identidade, não estava passando por um conflito espiritual com Deus, nem questionando seu valor como marido ou pai. Seus pensamentos estavam em ordem. Ele acreditava na verdade sobre Deus e sobre si mesmo e se mantinha firme na esperança de que, no final, tudo ficaria bem.

Ele simplesmente *estava triste.*

Aparentemente, Zac estava tranquilo com essa emoção. Não é de se surpreender que eu quisesse que aquilo desaparecesse. *Não!*, pensei a princípio. *Temos que resolver isso. A tristeza. Já passamos por isso antes. Senhor, e se esse poço for tão profundo e escuro quanto o primeiro? E se ele afundar ainda mais? E se ele desaparecer?*

Quando ouvi essas palavras da boca dele, tive que tomar uma decisão. Na verdade, ele também teve: daríamos tempo e espaço para sua tristeza ou derrubaríamos essa coisa de uma vez por todas? Acredito que não conversamos abertamente sobre nossa estratégia, mas o que nos ocorreu de imediato foi que ele precisava *superar* isso. *Nós dois* precisávamos superar essa situação.

Existem momentos na vida em que não podemos passar por cima das coisas ou varrê-las para baixo do tapete, nem contornar as situações. Precisamos superá-las.

Deus nos concedeu poder sobre nossos pensamentos e também o dom das emoções. Esse momento não tinha nada a ver com o que Zac estava pensando, mas com o que ele estava sentindo — sentimentos que ele precisava enfrentar. Durante esses meses, ele também procurou ajuda profissional, aproximou-se e compartilhou com a comunidade e retomou tratamentos anteriores que o ajudaram no passado. Observar sua jornada foi inspirador, e estou prestes a compartilhá-la com você.

Ele nomeou, compartilhou e enfrentou a situação, o que o aproximou de todos nós e de Jesus.

No entanto, o que sei agora — ou pelo menos estou aprendendo — e que não sabia há alguns anos é que a situação de Zac não é algo a ser remediado. É algo que precisamos superar por meio do sentimento.

"Nós vamos ficar bem", repito a ele várias vezes ao dia.

Ao que ele responde: "Isso não vai durar para sempre".

Nós *vamos* conseguir — sei que vamos.

Vamos ficar bem.

Na noite em que Zac compartilhou com nossos filhos o estado emocional em que se encontrava e a realidade da empresa, nosso filho mais velho e adulto lhe enviou esta mensagem:

> Pai, estou aqui sentado chorando e pensando no que você está passando. Sei que está dormindo e vou lhe contar pessoalmente, mas quero que saiba que tenho muito orgulho do empresário e do pai que você tem sido para mim e que me ensinou a ser.
>
> Observo sua ética de trabalho, sua visão e sua realização todos os dias e fico com o coração partido ao ver um sonho não se concretizar. Mas tudo em que consigo pensar em meio ao sofrimento com você é no orgulho que sinto por ser meu pai. Acredito que não estaria chorando se não o amasse e não o considerasse meu melhor amigo. Só isso já é um motivo para que eu reze sempre com meu futuro filho.

Eu amo você, pai, e sei que não digo o suficiente, mas tenho muito orgulho de você e o seguirei na batalha em qualquer lugar! Se o senhor e a mamãe precisarem de alguma ajuda, estarei à disposição. Obrigado pelo jantar de hoje.

É na escuridão da noite que acontecem alguns dos melhores momentos da vida, mas Zac deixaria passar coisas como essa se fingisse estar bem. Estaremos juntos durante o processo.

Se nossa história se assemelha à sua, com crises ou uma batalha constante contra a ansiedade ou a depressão, rezo e acredito que você conseguirá passar por isso ao se lembrar de que Deus está lá embaixo com você, como Ele promete.[1]

Espero que as palavras apresentadas nas páginas a seguir também lhe ofereçam uma perspectiva de como superar a escuridão noturna. Vamos sentir juntos esse caminho.

DESCOBRINDO UM CAMINHO

Durante aquela chamada pelo Zoom com o Dr. C., eu não estava precisando de um incentivo ou de uma conversa estimulante sobre o trabalho. O que eu precisava mesmo era saber que não estava sozinha em meio ao pânico que me dominava.

No retiro com minhas amigas, não precisava ser julgada por estar com raiva de Deus. O que eu precisava era saber que, apesar da minha raiva, não estava sozinha.

Quando sua mente e seu coração entenderem que você não está sozinho, seus músculos poderão parar de se contrair e seu coração voltará a se abrir.

É possível estabelecer uma conexão significativa com outras pessoas — com Deus, com nosso interior e com as pessoas que Deus coloca em nosso caminho. Vou lhe mostrar quais são os passos para observar, nomear, sentir e compartilhar nossos sentimentos, e também para buscar ajuda quando necessário. E, embora seja tentador passar por esse processo rapidamente, criei intencionalmente a próxima parte do livro com um capítulo próprio para cada etapa.

Gostaria de explicar o que é possível fazer com os sentimentos, de modo que, mesmo que você sinta um milhão de coisas diferentes misturadas ou questione a existência de suas emoções por não senti-las há muito tempo, você terá algo simples a fazer que ajudará qualquer pessoa, de qualquer lugar, a desvendar o problema, um passo de cada vez.

Os nós em nossa alma se desatam com apenas alguns movimentos, e eu o conduzirei por cada um deles. Embora não seja um processo fácil, isso o ajudará a viver com mais tranquilidade, dia após dia.

Antes de nos aprofundarmos nessa jornada, gostaria de dar uma ideia do que está prestes a acontecer.

Minha amiga Caroline também é do Meio-Oeste dos EUA, e raramente se deixa abater por qualquer coisa. Ela organiza nossos eventos no IF:Gathering como se estivesse organizando um chá de bebê em vez de um grande evento para mulheres.

Recentemente, ela ficou com meus filhos e — que surpresa! — eles a deixaram completamente esgotada e um pouco perturbada. Gostaria de usar Caroline como exemplo porque ela é uma pessoa muito estável emocionalmente. Você se lembra da analogia da canoa? Pois bem, ela não atinge a margem com frequência. Seu rio é bastante amplo, sem muitos traumas ao longo da vida. Ela consegue expressar suas emoções com desenvoltura e permanecer no meio do rio. Mas, aparentemente, meus filhos têm a capacidade de pegar os melhores canoístas e empurrá-los até a margem lateral.

Detalhes à parte, meus filhos e muitos outros fatores de estresse fizeram com que Caroline entrasse em pânico por algo que normalmente não a aborreceria. Depois, ela me explicou que seu estado de choque foi uma reação a uma série de coisas que estavam fora de seu controle e que o que ela realmente precisava naquele momento era de ajuda. Ela precisava que alguém interviesse e tomasse decisões, organizasse o dia e ajudasse todos a sobreviver. Como ela havia lido o primeiro rascunho do livro, não pensou muito em como manifestaria essa emoção. Ela a sentiu. Então, nomeou-a e comunicou-a — chamando o marido para intervir e ajudá-la a se acalmar durante esse caos.

Às vezes, todos precisamos de alguém que nos ajude a nos controlar quando não conseguimos.

Quando lhe perguntei se o processo que fizemos juntas a ajudou naquele momento, Caroline deu uma risadinha e disse: "Sim, funcionou! Observar, nomear, sentir e pedir ajuda em meio a isso... funcionou!"

Zac Allen é um ótimo canoísta — na vida real, quero dizer. Ele não só acredita ser bom; ele é. A única maneira de eu conseguir descer o rio é seguindo à risca suas orientações.

Estou comentando isso porque, às vezes, a melhor maneira de controlar as emoções é ter alguém ao nosso lado que nos tire da cama e nos lembre de entrar em movimento, conversar com Jesus e nos vestir. Se você for solteiro, essa afirmação pode parecer cruel. Mas acredito na existência de uma comunidade próxima e forte que pode desempenhar esse papel — talvez até melhor do que um cônjuge. Para mim, são minhas amigas mais próximas.

Conclusão: O que estamos prestes a fazer juntos vai transformá-lo, fortalecê-lo e lhe dar vitalidade, mas você precisa das pessoas. Se não tem um grupo, deixe um pouco este livro de lado e leia *Encontre sua Tribo* (Alta Life, 2023). Você precisa ter pessoas ao seu lado!

Muito bem. Chegou a hora. Vamos começar.

PARTE TRÊS

como desvendar nossas emoções mais profundas

8

SUPERANDO *BEM* AS DIFICULDADES

OBSERVE
NOMEIE
SINTA
COMPARTILHE
ESCOLHA

Outra noite, eu estava preparando o jantar para minha família quando comecei a sentir algo semelhante a uma inquietação profunda. Já sentiu isso? Quando está ocupado fazendo qualquer coisa. Há outras pessoas no recinto. Você acredita que está agindo normalmente, curtindo o momento. Mas algo no fundo da alma o incomoda. Você não consegue identificar exatamente o que é, mas sabe que está lá. Você ignora e segue fazendo o que está fazendo ou desacelera para assimilar o que está acontecendo?

Foi assim que me senti naquela noite, no meio de uma encruzilhada. Eu só queria continuar cozinhando e servir o jantar. No entanto, uma inquietação persistente me incomodava.

Parei ao lado do fogão, fechei os olhos por um instante para bloquear a cena que se desenrolava à minha volta. Por um instante, ignorei um dos meus filhos que estava se lamentando sobre um problema com a namorada; o outro, pelo visto, precisava de dinheiro para alguma coisa e estava ocupado planejando uma desculpa irrefutável, e o marido que, sem querer, estava irritado com os dois filhos, fazendo com que eu interviesse como mediadora.

Considerei minhas opções:

Eu poderia me servir de uma taça de vinho, ignorar tudo isso, servir o jantar e ir para a cama, ou gritar: "Não aguento mais essa porcaria! Parem todos, *agora*!"

Ou poderia agir de outra maneira.

O curioso dessas três primeiras opções é que elas são muito diferentes: pensamos que, ao controlar, confrontar ou camuflar, estamos, de certa forma, gerenciando nossos sentimentos. Mas isso está muito longe de ser verdade. Sempre que tentamos ignorar o que estamos sentindo, reprimir as emoções que estão pedindo para serem expostas ou exigir que as circunstâncias e as pessoas mudem de acordo com nossa vontade, estamos apenas empurrando o problema com a barriga, porque ele não deixará de existir.

Eu sei disso.

Eu sabia disso naquela noite.

Então, lutei com unhas e dentes para me conectar.

Qual é o primeiro passo para se conectar por meio dos sentimentos? É *observar como nos sentimos*.

Perguntei a mim mesma: *Como estou me sentindo?*

E a resposta foi: "Não estou me sentindo bem".

O capítulo seguinte abordará, na íntegra, como nomear as emoções de maneira adequada e detalhada, porém, como um pequeno passo para desenvolver essa habilidade, vamos começar por duas categorias básicas de sentimentos:

Está Tudo bem.

Não Está Tudo Bem.

Mesmo que tenhamos um conhecimento básico, sabemos reconhecer essas duas categorias, certo?

E *não* estava tudo bem.

Ótimo. É um começo. *Não Estou Me Sentindo Bem.*

Naquele momento, fui inteligente o suficiente para detectar que eu estava triste e um pouco desesperada, o que gerava ansiedade e a sensação de inquietação que descrevi.

Eu estava experimentando alguns sentimentos e decidi *observar* isso. Para mim, foi um progresso e tanto.

O PREJUÍZO DE NÃO OBSERVAR

Durante meses, refleti sobre essa progressão de cinco passos para ativar nossas emoções, e percebi o seguinte: tendemos a observar muitas coisas que não importam tanto no longo prazo e a não observar aquelas que importam.

Reparamos quando alguma celebridade começa um novo relacionamento ou quando o supermercado passa a vender nosso salgadinho favorito. Notamos os arranhões no nosso sapato preferido, que não desaparecem com um simples polimento, ou a expressão estranha no rosto de alguém quando lhe pedimos um favor.

Em um dia comum, observamos milhões de coisas, prestando atenção a elas como se fôssemos peritos, como se nossa vida dependesse disso.

Da mesma forma, eu poderia abordá-lo a qualquer momento nesse mesmo dia e perguntar: “Ei, como você está se sentindo... de verdade?” E, se você for como eu e a maioria das pessoas, há tanta coisa acontecendo que você não sabe nem como responder. Mesmo se quiséssemos responder com sinceridade (e isso é um *se* considerável, em virtude de nossa tendência de controlar, confrontar e camuflar), é complicado.

Então, damos a mesma resposta automática.

Tudo bem.

Tudo bem!

Absoluta e perfeitamente bem.

Quando meus filhos eram pequenos e as pessoas me faziam essa pergunta, e mesmo agora às vezes, a vida era tão corrida e tumultuada que eu simplesmente não sabia a resposta. Gostaria de expressar minha solidariedade se essa for a sua realidade. Parte desse processo é desacelerar o suficiente para ouvir nosso coração e prestar atenção às partes do nosso ser que Deus criou e que costumamos ignorar ou criticar. É normal que você não saiba como está se sentindo. Não se culpe por isso. Também é normal sentir uma infinidade de emoções ao mesmo tempo. Está tudo bem.

Se eu pudesse tocar seu rosto e pedir que fizesse algo por mim durante sua jornada em busca da saúde emocional, seria resistir ao impulso de se julgar e julgar as partes de seu ser que podem estar despertando, gritando e explodindo.

Agora eu lhe pergunto: Como você está se sentindo neste momento? Quero dizer, como *de fato* se sente?

Espero que você olhe para mim e responda honestamente: "Estou bem" ou "Não estou bem".

Seu estado emocional é mais complexo do que essa resposta simplista — evidentemente. Mas é um começo. Responder "Estou bem" ou "Não estou bem" é muito melhor do que a resposta automática: "Está tudo bem, tudo bem; *é sério*, estou bem! Absoluta e perfeitamente bem!"

Reprimir as emoções pode ter consequências permanentes. Se você oculta o que sente, os outros podem pensar que você é indiferente ou falso, e a energia necessária para suprimir emoções pode impedi-lo de prestar atenção às outras pessoas.[1]

Sei que você acredita que evitar as emoções não está lhe trazendo nenhum prejuízo. Mas está.

De acordo com um estudo da Harvard School of Public Health e da Universidade de Rochester, "as pessoas que reprimiam suas emoções aumentavam em mais de 30% a chance de morte prematura por todas as causas, e o risco de serem diagnosticadas com câncer aumentava em 70%".[2]

Fomos criados para sentir.

Vou compartilhar um pouco da minha descoberta científica favorita durante minha pesquisa.[3] Acho que o fato de ter gostado tanto dela é porque ajuda um pouco a desvendar exatamente a maneira como Deus criou as emoções humanas.

As emoções sempre se manifestam em três etapas:

1. *Evento estimulante:* você se depara com uma situação tão trivial quanto pegar a roupa na lavanderia ou tão devastadora quanto receber um diagnóstico de câncer.
2. *Previsão:* a mente (geralmente de maneira subconsciente) prevê se esse evento será positivo ou negativo.
3. *Consequência:* o corpo e a mente reagem, e você manifesta uma resposta emocional.

Se você tiver energia emocional, mental e física para gerenciar essas novas informações, o evento mal o abala. Você o sente, não há dúvida, mas consegue reagir de maneira saudável.

No entanto, se *não* tiver energia suficiente, seu corpo e sua mente entrarão em colapso e se desligarão.

Você já sentiu o coração disparar ou o peito apertar sem saber o porquê?

Certa vez, dirigindo no final da tarde, após pegar minha roupa na lavanderia, comecei a pensar no que fazer para o jantar. Mas senti um desconforto, a respiração ofegante e um aperto no peito. Enquanto tentava pensar no jantar, minha mente não parava de viajar — nenhuma ideia específica, só muita agitação. Era evidente que eu estava apresentando sintomas de ansiedade, embora não conseguisse identificar nada em especial que me causasse preocupação.

Nesse momento, analisei a situação e não percebi nada de mais: nenhum estresse aparente, o dia tinha começado bem e eu havia feito bastante coisa. Não conseguia me lembrar de nenhum conflito significativo.

Apesar de não haver nada importante acontecendo naquele dia, eu estava passando por um período de muito estresse. Zac estava emocionalmente abalado, o futuro e as finanças da empresa eram incertos, então planejar o jantar e usar o cartão de crédito para pagar a lavanderia não faziam mais parte da rotina habitual. Chegar em casa implicava em conversar com meu marido sobre as coisas difíceis que tinham acontecido em seu dia e imaginar como ele estaria emocionalmente.

Portanto, não era nada: lavanderia, planos para o jantar, dez minutos de carro até em casa. Mas também era algo importante, porque minha energia estava no fim, muito baixa.

Sou mestre em compartimentar. Afinal, como podemos fazer qualquer coisa se tudo o que está acontecendo em nossa vida é prioridade o tempo todo? Tenho muita facilidade em guardar meu sofrimento em uma gaveta, algo que costuma ser bastante útil em períodos de estresse.

Mas, em vez de ficar quieto, ele exige cada vez mais atenção — especialmente em momentos tranquilos, como indo à lavanderia.

Então, suponhamos que eu me negue a me aprofundar um pouco mais e não tente descobrir de onde vem essa sensação de desconforto. Digamos que eu tente manter o sofrimento na gaveta e resolva apenas cuidar do jantar.

Ao interpretar esse cenário, chego em casa com o peito apertado, a frequência cardíaca elevada (acima de 100, segundo meu amado Apple Watch) e a energia esgotada. Entro em casa e a sala está uma bagunça, meus filhos precisam de mim e Zac está no quarto, no andar de cima, porque está se sentindo mal e sua energia também se esgotou. E adivinhe o que eu faço? Eu *surto*. Eu me descontrolo ali mesmo, na frente dos meus filhos, que provavelmente também tiveram um dia estressante, lidando com dislexia, bullies e expectativas de vida. A energia deles também está muito baixa. Eu suspiro.

Então, ou eu faço isso tudo (tenho um surto), ou então... observo o que estou sentindo.

Observo o que estou sentindo e por que.

Nesse cenário, entro em casa, percebo a realidade do estresse da minha família (alguns deles provavelmente reclamarão comigo) e, em vez de reagir, eu digo: "Ei, que tal nos sentarmos e conversarmos sobre nosso dia? Tive um dia difícil. Fiquei preocupada com algumas coisas relacionadas ao papai e quase perdi o controle da direção".

Em seguida, uma das crianças diz: “Ai, eu também. Alguém estava tirando sarro de mim, e estou cansado de ser zoado”.

E a outra acrescenta: “Também tive um dia ruim. Tirei 6,0 na prova que pensei que tinha ido bem”.

Meu marido desce, nos abraçamos e, em vez de fingir que está tudo bem, ele conta às crianças sobre as dificuldades do seu dia. Sentamos para jantar e comemos ali mesmo na cozinha, na *companhia* do nosso dia difícil. Enfrentamos juntos as dificuldades. A bagunça é grande, e está tudo bem, porque as dificuldades ficam mais suaves quando as suportamos juntos.

A melhor maneira de aliviar as emoções é em coletividade. Essa é a melhor forma de nos curar, porque é para isso que elas servem, para nos aproximar uns dos outros. Chorar sozinho é catártico; chorar juntos é curativo.

Há eventos estimulantes por toda parte. A mente e o corpo já previram as consequências, e elas são grandes. E, sim, você está sendo prejudicado a cada evento.

Também é verdade que, considerando tudo o que está acontecendo ao nosso redor, é provável que sua energia esteja mais baixa do que nunca. Eu e Deus (e espero que mais alguém em sua vida) podemos olhar para você e dizer: “É *claro* que você se sente assim. Porque é tudo muito difícil”.

OBSERVAR É ESSENCIAL PARA SE CONECTAR

Em Marcos 5, há uma mulher que sofre de hemorragia há doze anos e quer desesperadamente ser curada. Ela vê Jesus no meio de uma multidão, avança, toca Suas vestes e é curada instantaneamente. Mas Jesus, sempre observador, interrompe o tumulto. Ele procura por ela e pergunta quem acabou de tocá-lO. A mulher se aproxima tremendo de medo.

Imagino Jesus segurando o rosto dela em Suas mãos, olhando-a nos olhos e declarando Sua gratidão por ela. “Filha, a sua fé a curou! Vá em paz e fique livre do seu sofrimento.”[4] Observe que, para Jesus, não bastava curá-la; Ele queria estabelecer uma conexão com ela. Ele parou no meio de uma multidão e observou uma mulher que havia sido condenada ao ostracismo durante toda a vida. Ele não queria apenas que ela parasse de sangrar; Ele queria olhá-la nos olhos, conectar-se com ela e criar um vínculo, chamando-a intimamente de "Filha".

A mulher precisou observar o que era necessário e acreditar que Jesus poderia curá-la. Ela precisou ser corajosa o suficiente para superar todas as barreiras a fim de tocá-lO e se aproximar d'Ele. No momento em que o fez, Jesus se virou e a recebeu e não apenas curou seu corpo, mas deu início a um vínculo com ela que duraria para sempre.

Eu sei que esse processo pode parecer intimidador ou aterrorizante, principalmente se você cresceu em um lar onde os sentimentos eram praticamente ignorados. Talvez você tenha tantos sentimentos que tem medo de ser dominado pelas emoções se parar para observar a tristeza que vem deixando de lado. Sei que isso não é fácil.

A verdade sobre você e sobre mim é que passamos tanto tempo pensando — imaginando — que pode parecer estranho se *sentir* assim. Meu conselho é insistir. Faça uma experiência. Observe o que está sentindo. Reconheça a presença de seus sentimentos.

Sei por experiência própria como é tentador negar que aquilo que estamos experimentando é o que estamos sentindo, mas **não há benefício algum em fingir que está tudo bem**. A psicologia afirma que as emoções estão intrinsecamente ligadas ao sistema motivacional, o que significa que precisamos experimentá-las se desejamos realizar algo.[5] Para mantermos bons relacionamentos, precisamos expressar nossos sentimentos. Para não cairmos em tentação, precisamos experimentar nossos sentimentos. Para ter prazer, precisamos vivenciar nossos sentimentos. Para superar o sofrimento, precisamos simplesmente ter esses sentimentos.

Então, quero que você faça o seguinte quando largar este livro e seguir com seu dia: na próxima vez em que perceber um sentimento surgindo dentro de si — no corpo, na mente, no espírito, na alma —, pare o que estiver fazendo. Apenas por um segundo. Observe o sentimento em vez de ignorá-lo. Conecte-se com ele.

Se for útil, faça a si mesmo estas duas perguntas:

1. *O que estou sentindo em relação a mim mesmo emocionalmente? Estou bem ou não estou bem?*
2. *Consigo aceitar essa realidade por um instante?*

É possível dar um passo adiante e fazer uma terceira pergunta:

3. *Há quanto tempo estou me sentindo assim? Uma hora? Um dia? Um ano? Desde os 10 anos de idade?*

Nos próximos capítulos, ampliaremos esse aprendizado, mas por enquanto, apenas observe. Se estiver com dificuldade para determinar se está bem ou não, preste atenção ao seu corpo por um minuto e observe se descobre algum indício. **Nosso corpo está constantemente nos informando sobre nosso estado, mas precisamos estar atentos para perceber.**

Recentemente, uma amiga esteve em minha casa para conversar a respeito de um problema que estava enfrentando. Depois que ela se acomodou, perguntei: "Em que parte de seu corpo você está percebendo seus sentimentos neste momento?"

"Em meus ombros", ela disse. "Não consigo relaxá-los e mantê-los soltos."

Isso é revelador, não é?

No seu caso, podem ser as pernas balançando, uma incapacidade de ficar parado, um aperto no peito ou náusea.

Pare um minuto e observe seu corpo. Em que partes você sente emoções diferentes?

Sente-se em um local silencioso. Feche os olhos.

Apoie os pés no chão.

Comece pelos pés e observe seu corpo. Sente alguma dor?

Algum desconforto? Sente dor de cabeça? Está apertando sua mandíbula?

Seus ombros estão soltos? Seu peito está apertado?

Seu estômago está embrulhado? Está sentindo borboletas no estômago?

Suas mãos estão tremendo?

O que você observou?

Estamos tão acostumados a ignorar os sinais do corpo que nos surpreendemos ao perceber que ele está sempre se comunicando conosco.

O INÍCIO DE UMA VIDA PLENA

Vou compartilhar alguns exemplos de como a observação pode ser poderosa. O primeiro envolve um dos meus filhos, a quem chamarei de Kid — caso ele não esteja muito interessado em aparecer no livro de sua mãe.

Kid sempre teve dificuldades para expressar seus sentimentos. Durante anos, a única emoção que ele expressava era a raiva. Sabemos muito bem que a raiva geralmente é um disfarce para outras emoções (tristeza, frustração, medo), mas o que sempre transparecia era a raiva — pura e simplesmente.

Após tentar diversas abordagens, Zac e eu decidimos que talvez fosse uma boa ideia consultar um terapeuta para Kid. Agendamos algumas consultas e ficamos atentos a possíveis mudanças.

Após a primeira sessão, nada mudou. Duas sessões: ainda nada. Mas depois de três sessões de terapia profissional especializada, Kid começou a observar (palavra-chave!) que existiam outras emoções. Elas estavam lá o tempo todo, é claro, mesmo quando ele se recusava a percebê-las.

Isso chamará sua atenção: na mesma noite em que eu experimentei aquela onda de ansiedade por me sentir triste, meio desesperada, Kid entrou em crise no quintal e estava aos prantos, com a cabeça enterrada nas mãos. Lembro-me de ter saído por um momento de minha própria crise para murmurar: "Espere. O quê? Meu filho está *triste*? Sim, está. Isso é maravilhoso!" Quem é que fica feliz ao ver seu filho triste? Qualquer pessoa que considera essas emoções como dádivas. Porque todos precisamos nos sentir tristes às vezes. E essa foi a primeira vez que ele sentiu algo além de raiva. Foi uma vitória!

Sem dúvida, Kid ainda tem um longo caminho a percorrer antes de eu descrevê-lo como uma pessoa emocionalmente saudável, resiliente ou madura. Mas, ao reconhecer a presença de outros sentimentos — finalmente observando-os —, já estamos progredindo.

Segue outro exemplo: recentemente, eu estava conversando com uma colega de equipe sobre algumas ideias, e ela me perguntou: "Se eu lhe apresentar uma situação real, será que você poderia me ajudar a lidar com ela?"

Quando aceitei, ela explicou que, embora já estivesse na meia-idade, *ainda* sofria com um perfeccionismo debilitante que a impedia de aproveitar até mesmo as conquistas mais óbvias. Alguns dias antes de conversarmos, ela tinha conquistado algo e ficou irritada por não ter conseguido desfrutar disso. "O que está acontecendo?", ela perguntou.

Eu lhe fiz as mesmas perguntas que estou sugerindo que você faça a si mesmo. A primeira é: "Como você diria que está se sentindo? Presumo que não esteja muito bem".

"Não estou bem", ela confirmou. "Sinto que não sou boa o suficiente".

Conversamos um pouco sobre isso e, então, eu disse: "Reflita sobre seu passado. Qual foi a primeira vez que experimentou o sentimento que está observando agora?"

Não estou exagerando nem um pouco quando digo que, imediatamente, ela me informou a hora, o local e a roupa que estava usando quando isso aconteceu. Ela era uma criança! Tinha apenas 10 anos de idade. Estava na cozinha com seus pais, contando animada sobre a escola, e estava usando uma camiseta branca de manga comprida com um arco-íris gigante no peito, shorts jeans e um Keds vermelho-cereja.

"Meu pai tinha acabado de chegar do trabalho e corri até a cozinha para contar a ele como fui bem na prova de matemática que fiz naquele dia, mas aí deu tudo errado."

Ela me contou que, após pedir ao pai que adivinhasse sua nota na prova, ele disse 10 — a nota máxima. Na verdade, ela havia tirado 9,8, o que a deixou orgulhosa; mas de alguma forma, naquele dia, ela internalizou que 9,8 não era suficiente.

Conversamos sobre como é normal darmos um significado maior às coisas que ouvimos das pessoas influentes em nossa infância do que àquilo que elas quiseram dizer, e sobre como é complicado revisitar as lembranças mais antigas e desatar os nós do nosso peito.

É realmente complicado.

Mas vale a pena.

Neste capítulo e nos próximos, incluí relatos de cinco amigas que passaram por experiências semelhantes tentando desvendar suas emoções e comprovaram pessoalmente que a liberdade conquistada valeu o esforço.

Incentivei minha colega de equipe a iniciar sua jornada de cura, observando esses sentimentos de inadequação e reconhecendo que eles já existem há algum tempo. Isso é tudo o que você e eu conseguimos fazer juntos e, ainda que haja mais informações sobre como se curar dessas feridas, *observar* é suficiente por enquanto.

No entanto, também afirmo o seguinte: se essa colega seguir os demais passos da jornada sobre os quais falaremos nos próximos capítulos, ela aprenderá a fazer amizade com sua versão mais jovem e a ajudá-la a se curar.

E isso também vale para você.

Antes de prosseguirmos, quero fazer um breve comentário: minha amiga me contou que, ao lembrar sua versão mais jovem, sentiu pena de si mesma, quase como se tivesse vergonha daquela menina por ter deixado que outra pessoa lhe roubasse a felicidade; que o comentário de seu pai exercesse tamanha influência em seu coração.

Ao ouvir esse relato, senti vontade de chorar. "Nossa", eu disse. "Percebo que você gostaria de ter lidado com as coisas de maneira diferente naquela época, mas, sinceramente, o que você poderia ter feito com apenas 10 anos? Quando estamos em fase de crescimento, a influência dos pais em nossa vida é enorme! Minha visão das coisas é completamente diferente."

Ao pensar na versão de 10 anos dessa amiga, que, para mim, sempre pareceu forte e segura, senti uma profunda compaixão. Tive vontade de abraçar aquela criança com força, envolvendo-a em meus braços, mimando-a com sorrisos e gargalhadas. Tive vontade de organizar uma grande festa para aquela garotinha e celebrar seu excelente resultado na prova. Quis tocar seu rosto com as mãos, olhar diretamente em seus olhos e dizer que ela deveria se orgulhar de si mesma. Desejei ajudá-la a perceber que ela tinha vencido, não perdido — que não só era boa o suficiente, como também era incrível aos meus olhos.

Consciência Emocional: Uma História Pessoal

Você já teve uma reação exagerada com um de seus filhos em determinada situação? Percebi que isso acontecia com frequência com um dos meus filhos. Um amigo então me disse: "A coisa mais importante que você pode fazer por seus filhos é dar sentido à própria história".

Comecei a prestar atenção em meus sentimentos nesses momentos e a me perguntar: *"O que estou sentindo?"* Depois: *"Qual foi a primeira vez em que senti isso na vida?"* Nove em cada dez vezes, emergia um evento ou uma história da minha infância que precisava ser nomeada. À medida que comecei a nomear e a compartilhar minha experiência com outras pessoas da comunidade e quando essa experiência foi recebida com amor, a parte de mim que reagia exageradamente foi ficando mais silenciosa. Mais quieta. Comecei a experimentar o que o Salmo 131:2 chama de alma tranquila: "De fato, acalmei e tranquilizei a minha alma. Sou como uma criança recém-amamentada por sua mãe; a minha alma é como essa criança".

Logo aprendi que a consciência emocional possibilita fazer escolhas fortalecedoras! Em vez de reagir, eu poderia aprender a parar, perceber meus sentimentos e então responder. Parece muito simples, mas até hoje isso ainda exige um grande esforço para que eu consiga me conectar comigo mesma. Esse tipo de conexão e a possibilidade de permitir que partes de mim recebam amor e acolhimento estão me motivando a ser mãe para meus filhos de uma maneira mais plena (e sagrada).

Ainda que eu tenha finalmente concordado que não existe uma fórmula para criar filhos perfeitos, essa abordagem está me ajudando a entender melhor tanto as minhas necessidades quanto as deles.

— Jessica, 46 anos

E a melhor notícia é que, tendo em vista o que sei sobre essa jornada em que estamos embarcando, não ficarei nem um pouco surpresa se ela me procurar daqui a um mês ou um ano e disser: "Ei, estou começando a gostar de como eu era quando tinha 10 anos".

Tudo começa com a *observação*: prestar atenção aos nossos sentimentos, reconhecendo que são verdadeiros e lembrando quando surgiram pela primeira vez.

À MEDIDA QUE AVANÇAMOS juntos no processo de conexão com as emoções, é aconselhável desacelerar e ler cada capítulo ao longo de alguns dias. Exercite cada passo. Dedique-se a isso. No início, pode parecer estranho, mas com a prática, ficará mais natural e intuitivo.

Antes de mais nada, recomendo que peça a Deus que acompanhe você nessa jornada.

Se estiver com medo de enfrentar esses sentimentos, peça a Ele forças.

Se estiver confuso sobre o que está sentindo, peça a Ele discernimento e clareza.

Se estiver sendo dominado pelos sentimentos, peça a Ele que lhe dê tranquilidade.

Se estiver anestesiado e não sentir nada, peça a Ele que desperte seu coração.

Ele o ama. Ele o criou. E Ele criou essas emoções para que você se aproximasse d'Ele. É dessa forma que conseguimos fazer isso. Converse com Ele sobre tudo o que estiver sentindo.

9

O VOCABULÁRIO DA EMOÇÃO

OBSERVE
NOMEIE
SINTA
COMPARTILHE
ESCOLHA

"Como isso faz você se sentir?"

Essa é a pergunta que meu terapeuta sempre faz e que eu menos gosto. No início, eu a detestava porque, sinceramente, eu não sabia respondê-la, não conseguia definir o que estava sentindo e isso me assustava. Então, quando ele me perguntou como isso fazia eu me sentir... Eu senti medo.

Eu estava com medo de não ter nenhum sentimento profundo e, portanto, assustada com o fato de que a resposta que ele parecia acreditar que deveria ser óbvia — e talvez fosse para todos, menos para mim — simplesmente não o era.

No entanto, lá estávamos nós outra vez, e mais uma vez eu não sabia como me sentia. Não conseguia nomear os sentimentos.

Tenho uma amiga que gosta de citar o apóstolo Paulo, que diz: "De todos os lados somos pressionados"[1]; depois acrescenta: "mas não desanimados; ficamos perplexos, mas não desesperados". Então eu dizia que estava bem. Estou bem. Existe uma pequena parte de mim que está bem.

Às vezes, quando nos perguntam: "Como você realmente está se sentindo?", respondemos: "Bem", e falamos sério. Outras vezes, dizemos "Bem" porque é a única opção. Todos precisam de nós, o que mais podemos fazer? Se desmoronarmos e desabafarmos todos os problemas, nosso mundo pode implodir!

E tudo bem. Às vezes, controlar, confrontar e camuflar sentimentos pode nos ajudar a sobreviver.

Mas, com o tempo, essas estratégias evasivas se tornam um hábito, e acabamos entrando no modo automático, não só na forma como respondemos sobre como estamos, mas também como nos distanciamos de nossos sentimentos.

O psicólogo me explicou que eu tinha me esquecido como sentir e nomear meus sentimentos; por isso eu não sentia mais nada. Até que aprendi a sentir novamente. Tive que aprender a observar e nomear o que sentia, como uma criança no jardim de infância que tem um diagrama de sentimentos e indica um emoji sorridente, um zangado ou um triste para mostrar como se sente.

Precisei aprender a sentir novamente, e tudo começou com a observação do que estava acontecendo dentro de mim e com o processo de aprendizado de nomear isso.

Talvez você se sinta como essa criança que não consegue decidir qual emoji escolher. E não tem problema nenhum nisso.

Estou com você. Vamos nos aprofundar nisso.

NOMEAR IMPLICA AUTORIDADE

Os seres humanos têm uma grande necessidade de dar nome às coisas: filhos, veículos, amigos, decisões e os anos que vivemos. Associamos esse tipo de significado a quase tudo, como uma forma de identificar, diferenciar, homenagear e organizar.

Usamos termos para dar mais sentido às coisas e para colocar um pouco de ordem em nossa vida.

Desde o início da história da humanidade, nomear tem sido sinônimo de autoridade. Deus nomeia Adão e Eva e, então, lhes concede autoridade sobre os animais e a Terra, e eles, por sua vez, nomeiam os animais.

A ideia de nomear para ter o domínio me agrada porque se aplica perfeitamente às nossas emoções. Pense nisto: por que você iria querer domar algo se não para trazê-lo um pouco mais perto de você?

Nós amansamos, ou "domamos" cavalos para que possamos montá-los.

Domesticamos determinadas raças de cães e gatos para que vivam pacificamente em nossos lares.

Disciplinamos crianças bagunceiras para que possamos manter a sanidade ao longo da vida.

"Se você quiser controlar um problema, atribua um nome a ele", disse o Dr. Daniel Siegel certa vez.[2]

O que quero dizer é: domar algo é lembrar a esse algo que ele não está no controle. Sou a primeira a enfatizar que *nós* também não estamos no controle. Nosso objetivo, no que se refere às emoções, é estabelecer o tipo de conexão necessário em uma dança entre duas pessoas.

Queremos colaborar com as emoções, não ir contra elas.

Por que isso é tão difícil?

Muitas pessoas não aprenderam a identificar seus sentimentos ou foram desencorajadas a expressá-los.

Muitas têm medo de que, se ficarem tristes ou com raiva, estarão cometendo um pecado.

Outras inclusive aprenderam que, se nos sentimos felizes, é provável que estejamos errados.

Estamos tão atarefados e distraídos que é mais fácil não pensar em coisas difíceis.

Acreditamos que nada irá mudar, então não vemos sentido nisso.

Consideramos banal sentir emoções negativas quando nossa vida não está tão ruim assim.

Temos medo de que, se pararmos de controlar, confrontar e camuflar os sentimentos, eles assumirão o controle de nossa vida.

Porém, nomear abertamente o que estamos sentindo é fundamental para desvendar nossas emoções. Jesus costumava fazer perguntas às pessoas para que elas dissessem o que se passava no fundo de suas almas.

O que você quer?

Por que está com tanto medo?

Por que você duvidou?

O que quer que Eu faça para você?

Você me ama?[3]

Ele geralmente começava com um diagnóstico, mas não o entregava diretamente às pessoas; Ele as guiava para que descobrissem por si mesmas. Se não conseguiam, Ele lhes dizia a verdade com amor. Por exemplo, Ele encontrou a mulher junto à fonte, desesperada, envergonhada e escondida, e quando lhe deu a chance de dizer o que realmente aconteceu e ela não o fez, Ele lhe disse tudo de que ela se envergonhava. Ele nomeou tudo, quando ela não teve coragem suficiente para fazê-lo por si mesma.

Ele a acolheu por meio desse vínculo criado, dessa esperança e promessa — não da vergonha e da culpa que ela tinha o hábito de sentir. Ele a surpreendeu com Seu amor, e eles nunca poderiam ter se conectado se o medo e a culpa que ela sentia não fossem nomeados.

VOCÊ SENTE — MAS VOCÊ NÃO É SEUS SENTIMENTOS

A maturidade emocional é a capacidade de sentir o que sentimos sem julgamento e sem ser controlado pelas emoções. A integridade emocional começa ao observarmos e nomearmos nossos sentimentos e decidirmos o que fazer com eles, permitindo que nos aproximem de Deus e uns dos outros.

Estamos falando de cura, de sinceridade. Estamos falando de sentir profundamente e de nos conectarmos com Deus e com outras pessoas em decorrência disso. **No entanto, muitas vezes é difícil encontrar um bom**

termo para descrever os sentimentos ou entender o que constitui determinada emoção.

Por exemplo, receio que tenhamos formado uma geração que acredita que a ansiedade e a depressão são sentimentos. Não são. São patologias diagnosticadas por um médico.

Espero que compartilhar a história de minha família tenha sido suficiente para você entender que sofremos com doenças psíquicas em minha casa. A depressão é algo que não desaparece. A ansiedade requer o uso de medicamentos e acompanhamento psicológico. Louvado seja Deus pela ajuda que tudo isso tem proporcionado em nossas vidas. Mas a depressão e a ansiedade clínicas não são sentimentos.

Sentimentos são tristeza, preocupação e angústia. E também esperança, felicidade e alegria. Pelo fato de nunca termos aprendido a nomear, compartilhar e experimentar esses sentimentos, acabamos com patologias. Sim, às vezes, é apenas a fragilidade de nosso mundo degradado. O corpo humano não produz as substâncias químicas apropriadas e não há nada que possamos fazer a esse respeito, exceto tratá-lo clinicamente.

Mesmo com um diagnóstico, se quisermos progredir em termos de saúde, precisamos aprender na prática a experimentar toda a diversidade de sentimentos. Qualquer médico ou psicólogo lhe dirá que tomar remédios não é suficiente. Não basta tratar o problema químico. É preciso aprender a nomear, compartilhar e curar o sofrimento. Isso pode levar muito tempo, pois passamos décadas aprendendo a controlar, confrontar ou camuflar nossos sentimentos. Essa mudança não é rápida. É impossível superar rapidamente algo que nunca aprendemos. O que nos resta é tentar aprender e fazer diferente por nós mesmos e pela próxima geração.

As pessoas podem mudar. E elas realmente mudam.

Vi isso acontecer quando Zac aprendeu a sentir, e isso o transformou em um marido, amigo, pai e até mesmo no mais presente e compassivo seguidor de Deus. Ele aprendeu a sentir.

Precisamos verbalizar nossos sentimentos. Vamos lá!

AS QUATRO MAIS IMPORTANTES

Ao começar a pensar em como nomear as emoções, quero oferecer quatro pontos de partida.

No capítulo 8, na fase de observação, apenas avaliamos se estávamos bem ou não. Muito básico, eu sei. Agora, vamos tentar aprofundar esse processo de articulação, *atribuindo* termos melhores e mais abrangentes ao nosso nível de "Estar bem" ou "Não estar bem".

Gostaria de falar brevemente sobre As Quatro Mais Importantes quando se trata de emoções, com uma enorme ressalva de que, a depender do especialista em questões emocionais que você consultar, o resultado será muito diferente:

Existem quatro emoções mais importantes.

Não, são cinco!

Errado. São sete.

Não. São vinte e uma!

Optei por quatro porque sei que meu cérebro consegue memorizar quatro.[4] Entretanto, à medida que sua inteligência emocional se desenvolve, a meta é aumentar a precisão — ou seja, conseguir nomear com mais detalhes o que você realmente está sentindo. Portanto, para essas quatro emoções principais, relacionei diversas emoções secundárias em ordem crescente de intensidade. Isso é importante porque, se um amigo perguntar como você está se sentindo e você responder "Estou triste", essa *tristeza* pode ser mais uma *decepção* por ter sido excluído de uma confraternização, ou pode ser *desamparo* porque seu pai acabou de ser diagnosticado com câncer terminal. A reação de seu amigo naturalmente será ajustada de acordo com as características específicas; e a reação de seu coração e seu corpo será muito diferente, conforme as circunstâncias e a intensidade da emoção.

Ninguém precisa ensiná-lo a sentir. Um bebê nasce e se sente triste, feliz, carente e necessitado. Esses sentimentos são inatos, universais, e comunicam o que queremos e o que estamos pensando ao mundo que nos observa e entende nossas necessidades, mesmo antes de termos palavras para expressar. Quando saímos do conforto do útero para um mundo brilhante e desconhecido, sentimos tristeza, raiva, e talvez até alegria. Essas emoções, na verdade, nos ajudam a sobreviver neste mundo, porque a expressão delas leva os outros a se conectarem e responderem.

Desde o início, podemos sentir uma gama de sentimentos ao mesmo tempo. Eu não tinha noção de que era possível existir tantas partes de nós até que comecei a fazer terapia. Parte de mim pode estar com medo, outra parte pode estar animada e outra pode estar triste ao mesmo tempo em relação a uma mesma situação. De certa forma, eu não sabia disso. Eu só me sentia confusa. Por exemplo, você pode estar se casando e se sentir feliz, mas também triste porque seu pai faleceu há cinco anos e não está presente. Você pode estar sobrecarregado e nervoso por causa do trabalho e, ao mesmo tempo, estar feliz com ele. Pode se sentir irritado porque seu filho está naquela fase complicada de bebê e, ao mesmo tempo, ser grato e tentar aproveitar cada nova descoberta que ele faz.

Entender que parte de você pode experimentar uma coisa e outra parte pode experimentar algo totalmente diferente ao mesmo tempo é o que significa ser humano. Ao nos criar à Sua imagem, Deus nos deu a capacidade de carregar muitas coisas ao mesmo tempo.

Portanto, ao analisarmos as Quatro Emoções Mais Importantes, faça um esforço para observar e nomear a presença de cada uma delas em sua vida neste exato momento ou quando elas aparecem com mais frequência. Ganhe pontos extras se conseguir encontrar uma palavra com outras variações para descrever mais especificamente como ela se manifesta em cada caso.

ALEGRIA SATISFAÇÃO DIVERSÃO PAZ CONFORTO REGOZIJO DELEITE ENTUSIASMO

Vamos começar por esta! Porque todos queremos sentir alegria, não é mesmo? Em nossa cultura, a felicidade é um vício; nós a desejamos intensamente. Talvez você seja uma pessoa naturalmente alegre. Ou talvez já faz algum tempo que não se sente realmente feliz.

Quando foi a última vez que você se sentiu eufórico, radiante, feliz de verdade?

A questão com a alegria é a seguinte: você nunca a perceberá ou apreciará se não aprender a sentir tristeza, medo e raiva também.

Há pouco tempo, vi a imagem de um cérebro todo iluminado pela alegria. A imagem subsequente mostrava o cérebro todo iluminado pelo medo. Apesar de as emoções terem sido identificadas com cores diferentes, era evidente que estavam se manifestando em regiões análogas. **Não é possível desligar as partes do cérebro que sentem tristeza e raiva sem desligar também sua capacidade de sentir alegria.**

Há quem adore esses momentos e desfrute deles, estando totalmente presente. Mas talvez você esteja passando por uma fase muito difícil — a perda de um cônjuge ou dos pais, uma doença ou a fase rebelde de um filho — e não consiga se lembrar da última vez em que sentiu alegria, que deu uma boa gargalhada. Mais uma vez, eu gostaria de estar fazendo isso com você durante um café, segurando sua mão e chorando ou rindo com você.

Sentir alegria pode ser uma tarefa complicada. Muitas vezes, sentimos culpa por não estarmos alegres, como se esse fosse o estado obrigatório para pessoas de fé; outras vezes, nos sentimos culpados por estarmos felizes, por inúmeras razões, entre elas o fato de que o Inimigo adora roubar, matar e destruir a alegria.[5] Em alguns momentos, passei por uma temporada de comemorações, mas foi difícil desfrutar dela porque há muitas pessoas sofrendo; e estar feliz parece uma traição em relação a elas, entende?

É por isso que esse processo é tão importante. Basicamente, 99,9% do que estamos sentindo e as formas pelas quais essas emoções estão nos afetando e àqueles que amamos são inconscientes e não são percebidas. Nunca processamos aquela pontinha de culpa que temos ao sermos alegres, de modo que as duas emoções vão se entrelaçando de tal forma que a culpa rouba a alegria sempre que ela se manifesta.

Mas Cristo veio para que tivéssemos vida abundante n'Ele.[6] Ele se alegrava com as crianças, com refeições entre amigos, com as pessoas que vinham até Ele pela fé, com as pessoas que eram curadas, com o vinho em um casamento. Ele disse a Seus discípulos: "Tenho lhes dito estas palavras para que a minha alegria esteja em vocês e a alegria de vocês seja completa".[7] Alegria completa. A alegria é fruto do Espírito e é uma dádiva de Deus. Refletimos Sua imagem quando sentimos alegria.

O que mudaria no seu dia se você começasse a observar as coisas que o deixam alegre e as incluísse em sua vida?

IRA IRRITAÇÃO FRUSTRAÇÃO RAIVA RANCOR AFRONTA FÚRIA

O mundo está repleto de injustiças. Os maus-tratos e a negligência justificam nossa ira. Deus sente ira diante do pecado. Temos uma ira legítima dentro de nós que clama contra a injustiça, e há ocasiões específicas em que precisamos nos levantar em defesa das prioridades bíblicas. O Espírito Santo nos orienta sobre como reagir às injustiças grandes e pequenas, conforme nos voltamos para Ele. Há um tempo e um lugar para agir e um tempo e um lugar para buscar a reconciliação.

Deus não nos diz para nunca sentirmos ira. Como Ele sabe que somos ofendidos com muita facilidade, Seu apelo é que sejamos "tardios para irar-se".[8] E, ao fazer isso, vivemos como Deus, que a Bíblia descreve como "compassivo e misericordioso, paciente, cheio de amor e de fidelidade".[9]

Ele também nos convida a não pecar em nossa ira,[10] e essa é a parte mais difícil. Vivemos em uma sociedade marcada pela ira, na qual todos se sentem ofendidos o tempo todo. Mas isso não faz com que a ira seja algo prejudicial. **É o que fazemos com ela que determina se algo bom se transforma em algo ruim.**

Deus criou o sistema nervoso com uma capacidade de resposta de luta ou fuga, de modo que todos os seres humanos possuem uma capacidade inata de reagir às circunstâncias. Ainda assim, no mundo em que vivemos, fomos instruídos desde pequenos a acreditar que essas reações são arriscadas e prejudiciais.

Quando a adrenalina aumenta e você tem vontade de xingar porque um carro entrou na sua frente, ou quando o caos na hora de sair com a família para ir a algum lugar faz com que você queira arrancar os olhos, ou seu coração dispara ao andar sozinho por um estacionamento deserto — tudo isso acontece porque Deus criou um sistema para reagir a qualquer perigo ou circunstância incômoda que você possa enfrentar.

É por isso que julgar suas reações não é muito útil. O que ajuda é entender e aceitar que sentiremos ira, raiva. Reagiremos ao mundo ao nosso redor. No entanto, observar e nomear nossa ira é essencial para que possamos escolher o que faremos com ela.

Vou lhe dar um exemplo:

Você fica com raiva.

Você odeia esse sentimento.

Você não sabe o que fazer com ele.

Você tenta ignorá-lo, mas não consegue.

E agora?

Bem, se não for uma situação que você possa controlar, talvez tenha que lidar com ela. Você bebe para contê-la, ou começa a berrar para extravasar.

Mas, em vez disso, você se lembra de que Deus diz: "Quando vocês ficarem irados, não pequem".[11] Droga. Isso complica ainda mais nossa forma de reagir à ira. O que devemos fazer com ela?

Lembre-se de que nossos sentimentos existem para nos conectar com Deus e com outras pessoas. E a ira frequentemente aflora por nos sentirmos incompreendidos. Na maioria das vezes, não se trata de um problema com outra pessoa, mas de um problema conosco. *Nós* nos sentimos incompreendidos. *Nós* ficamos perdidos. *Nós* sentimos raiva por alguém não ter sido punido por algo que fez de errado conosco ou com alguém que amamos.

Por outro lado, imagine se permitíssemos que nossa ira nos aproximasse de Deus em vez de nos levar a pecar, repreender a pessoa na fila do caixa ou as pessoas mais próximas de nós.

Deus, isso é injusto. Por que o Senhor não está solucionando esse problema? O Senhor é perfeitamente capaz de resolver isso e não o faz. Não sei o que fazer com essa ira que sinto. O Senhor pode me ajudar e me indicar o que quer que eu saiba e o que quer que eu faça?

Então você escuta e espera.

. . .

Três coisas acabaram de acontecer:

1. Você meditou e desacelerou sua respiração, o que a ciência nos diz que é a melhor coisa a se fazer em um momento de raiva.
2. Você transferiu a responsabilidade pela situação de si mesmo para Deus.
3. Você convidou o Espírito Santo para intervir em uma situação insustentável para mostrar Seu poder e deu a Ele espaço para atuar.

Quando foi a última vez que você se sentiu frustrado com alguém? Quando foi a última vez que você se enfureceu?

TRISTEZA DECEPÇÃO MELANCOLIA SOLIDÃO DESAMPARO DESESPERANÇA LUTO ANGÚSTIA

A tristeza é outro desses sentimentos que tem má fama. **Muitas pessoas já se acostumaram com a ideia de que, se não estivermos sempre esbanjando alegria, não estaremos demonstrando bem a nossa fé.** Mas a tristeza, na verdade, está bastante presente na Bíblia, sendo muitas vezes chamada de *lamento*, e a vemos sendo expressa por todos os tipos de pessoas no sentido de buscar o coração de Deus com fé. Conforme veremos, os profetas lamentam, o povo de Deus lamenta, até mesmo Jesus lamenta no Jardim do Getsêmani. E muitos salmos na Bíblia estão repletos de lamentações.

Estamos com medo disso? Pensei em minha amiga indiana, que ficou confusa quando, ao perder a mãe, percebeu que os costumes norte-americanos se limitavam a entregar uma caçarola com comida na porta da casa dela e desejar que ela se sentisse melhor logo. Temos uma postura que é contra as lamentações. E isso gera consequências.[12]

Quer saber por que todos estão irritados, de mau humor e incomodados com tudo?

Porque simplesmente não sabemos como nos lamentar. Em vez de lamentar as coisas difíceis que estão acontecendo ao nosso redor em determinado dia, nós as ignoramos e evitamos dar muita atenção a elas. Essa atitude pode ser prudente em relação à enxurrada de notícias que poderiam acabar nos engolindo. Mas não é prudente tentar ignorar a realidade do sofrimento em nossas vidas, que é inevitável e imprescindível.

Deixe-me aliviar um pouco a pressão: não existe uma maneira certa de estar triste — você apenas fica triste. Não existe uma maneira certa de passar por um trauma — traumas são sempre horríveis.

Conforme mencionei anteriormente, adoro Davi com todas as suas emoções desordenadas e rebeldes. O cara dançou nu nas ruas para louvar a Deus e se vestiu com um pano de saco e cinzas para mostrar seu arrependimento. Nos dias atuais, nós o chamaríamos de um verdadeiro desastre emocional, mas Deus o chamou de "um homem segundo o seu coração".[13] Ele se sentia seguro para fazer isso graças ao que escreveu em Salmos 103:13–14: "Como um pai tem compaixão de seus filhos, assim o Senhor tem compaixão dos que o temem; pois ele sabe do que somos formados; lembra-se de que somos pó". É a imagem de um pai com seu filho, consciente de que ele está confuso, compadecido por estar muito aborrecido com isso e alegre por tê-lo procurado para contar tudo.

Quando foi a última vez que você chorou? Quando foi a última vez que ignorou a tristeza? O que costuma desencadear sua tristeza?

MEDO AGITAÇÃO DÚVIDA NERVOSISMO PREOCUPAÇÃO TEMOR PÂNICO HORROR

O medo tem o papel de nos manter seguros. Às vezes, ele nos alerta para um perigo iminente e, outras, nos assusta com um cenário desconhecido, tirando nosso sono. Muito rapidamente, nós o demonizamos. Fico pensando em como entendi mal a mensagem "Não temas" da Bíblia. Já escutei centenas de sermões enfatizando como Deus não quer que tenhamos medo, como se isso fosse uma ordem, e não um convite.

Colocarei muitas dessas passagens em destaque neste livro e quero que você as leia de modo diferente. Quero que imagine um pai amoroso e seguro conversando com seu filho, que está assustado, chorando e com medo:

- "Por isso não tema, pois estou com você; não tenha medo, pois sou o seu Deus. Eu o fortalecerei e o ajudarei; Eu o segurarei com a minha mão direita vitoriosa."
- "Não tenha medo deles, pois eu estou com você para protegê-lo."
- "Coragem! Sou eu. Não tenham medo!"
- "Portanto, não tenham medo; vocês valem mais do que muitos pardais!"
- "Não tenham medo, pequeno rebanho, pois foi do agrado do Pai dar-lhes o Reino."
- "Deixo-lhes a paz; a minha paz lhes dou. Não a dou como o mundo a dá. Não perturbem os seus corações, nem tenham medo."[14]

Em todos esses exemplos, algo assustador estava iminente e Deus estava basicamente dizendo: "Mantenha seus olhos em mim". Sua ordem tinha o objetivo de nos confortar. Saber os fatos geralmente reduz o medo. Deus quer que saibamos que não precisamos ter medo. Ele está ao nosso lado e nos apoia.

No entanto, Ele não nos repreende como um pai decepcionado por sentirmos medo. Do contrário, teríamos medo de sentir medo. Não, Ele está nos confortando com a verdade. **O medo é um lembrete constante de que precisamos de Deus e de que Ele está presente.** Ele está conosco nos momentos difíceis.

Como toda emoção, o medo pode envolvê-lo e se tornar uma barreira, mas é mais provável que isso aconteça se você não o identificar, nomear e compartilhar com outras pessoas.

Passos em Direção à Liberdade: Uma História Pessoal

Quando era pastor, eu havia ensinado sobre a ansiedade inúmeras vezes. Depois, vivenciei isso de fato.

Olhando para trás, percebo que antes eu só ensinava sobre a preocupação. A ansiedade era diferente. Maior. Mais assustadora. Eu pensava que não conseguiria superá-la. Parecia que ela tinha pulado em cima de mim e estava me puxando para o fundo do poço da depressão. Parecia que minha força de vontade tinha sido cortada pela metade, ou até um quarto, e que eu não conseguiria sair desse lugar sombrio. Isso afetava até mesmo meus batimentos cardíacos.

Meu cardiologista me encaminhou a um terapeuta. Minha comunidade se uniu em oração por mim. Comecei a meditar e, ao dar pequenos passos de obediência, comecei a ver uma luz no fim do túnel.

Descobri um vínculo mais profundo e significativo com Jesus e uma alegria baseada na bondade de Deus.

— Jonathan, 42 anos

. . .

Qual foi a última vez em que se lembra de ter sentido preocupação ou medo? Como imagina que Deus o via naquele momento?

VAMOS TENTAR

Deixe-me introduzir um conceito que talvez seja novo para você: *granularidade emocional*.[15] Não é uma expressão legal?

A granularidade emocional é a capacidade de descrever seu estado emocional de forma detalhada, utilizando termos específicos em vez de genéricos.

O que torna a granularidade emocional fascinante é que os especialistas em emoções demonstraram que existe uma conexão diretamente proporcional entre ela e a saúde mental, física e relacional de uma pessoa. "Quanto maior a sua capacidade de especificar o que está se passando dentro de você, maior será sua flexibilidade diante dessa emoção. Uma maior especificidade tem sido associada a um número menor de consultas médicas e medicamentos e a um desempenho social e emocional melhor."[16]

Interessante, não é?

Isso significa que, à medida que você e eu ampliarmos nosso vocabulário emocional, expandiremos também nossa saúde em três aspectos fundamentais da vida. As palavras extras listadas neste capítulo ao lado de cada uma das Quatro Mais Importantes podem servir como pontos de partida importantes quando você começar a praticar a nomeação.

Pronto para começar?

Aqui vamos nós.

Qual é o maior desafio que você está enfrentando atualmente e quais emoções estão associadas a ele?

. . .

Talvez você e seu cônjuge estejam passando por dificuldades no casamento e você esteja perdendo as esperanças.

Talvez sua situação financeira esteja mais difícil do que nunca e o desespero comece a se instalar.

Talvez você esteja há anos querendo ter um bebê, mas ainda não conseguiu. A frustração por se sentir abandonada por Deus, a inveja das amigas anunciando que estão grávidas, a vergonha de se sentir mal por causa de um corpo aparentemente falho — quais emoções você não está experimentando?

Precisamos de palavras para dar mais sentido às coisas.

Com um vocabulário mais rico, as coisas passam a fazer mais sentido.

Porém, será necessário praticar um pouco para tornar a identificação dos sentimentos um hábito mais forte do que evitá-los. Então, ao buscar se envolver de maneira genuína com seus sentimentos verdadeiros, comece da seguinte maneira: ao longo do seu dia hoje, quero que você faça pausas periódicas para dizer a si mesmo como se sente.

Como você está se sentindo neste momento? Consulte as emoções listadas nas páginas anteriores e escolha o termo que for mais adequado para você.

Se não gosta de falar consigo mesmo em voz alta, você pode apenas mentalizar. Mas é importante pensar ou dizer em frases completas como se sente em diferentes momentos do dia. Defina um lembrete em seu telefone, se necessário. Por exemplo, diga a si mesmo: "Eu me sinto *otimista* em relação ao meu relacionamento". Ou talvez: "Eu me sinto *estimulado* com meu progresso até agora". Ou: "Estou *entusiasmado* com esta tarefa". Ou: "Não estou com raiva; apenas *curioso*".

Talvez você se sinta triste. Alegre. Grato pela simplicidade de seu cotidiano. Pode ser que esteja irritado. Desesperado. Agitado. Extasiado. Calmo.

Tente ir além de respostas genéricas e positivas, como: "Eu me sinto bem"; "Estou me sentindo bem"; "Estou bem".

COMO DEVE FUNCIONAR

Na noite passada, meu genro, Charlie, e minha filha Kate estiveram em minha casa. Enquanto conversávamos sobre este livro, Charlie me mostrou o aplicativo que usa diariamente e com certa frequência: o How We Feel. Três vezes por dia, ele, Kate e muitos de seus amigos registram como estavam se sentindo em determinado momento. O primeiro campo a ser preenchido normalmente corresponde a "Você está se sentindo bem?" Em seguida, é preciso nomear a emoção específica com a qual você mais se identifica. Depois — está preparado para isso? — o aplicativo compartilha sua resposta com as pessoas mais próximas a você e que também usam o aplicativo.

Eles nos contaram que recentemente o aplicativo alertou minha filha de que uma de suas amigas estava em pânico! Kate ligou imediatamente para a amiga: "Você está bem?" Essa amiga começou a chorar e contou a Kate a situação difícil pela qual estava passando.

Depois, a amiga perguntou: "Como você sabia?"

Ela havia se esquecido do recurso de alerta. Porém, como discutiremos mais adiante, esse aplicativo simples funcionou exatamente como deveria, aproximando as pessoas dos aspectos genuínos de si mesmas. É dessa proximidade que estamos precisando.

E é isso que perdemos se não dissermos o que realmente está acontecendo.

10

DÊ A SI MESMO UM POUCO DE ESPAÇO

OBSERVE
NOMEIE
SINTA
COMPARTILHE
ESCOLHA

É possível dizer que, em um livro sobre como perceber os sentimentos, este capítulo é o mais importante de todos. Nós observamos os sentimentos. Nomeamos os sentimentos. E agora, por fim, passamos a experimentá-los.

Pode parecer engraçado que tenhamos que incluir esse passo — preparar, aprontar, *sentir*! —, porém, se você for como eu, alguém que está aprendendo a não querer consertar tudo, logo perceberá os benefícios de ser compelido a realmente sentir.

Antes de começarmos, no entanto, preciso fazer uma *observação*. Talvez você chegue a essa etapa do processo de conexão por meio das emoções e perceba que ainda não está pronto para experimentar os sentimentos que tem. Sim, você já os observou. Você até os nomeou. Mas talvez, por uma série de motivos, você não esteja preparado para senti-los.

Talvez você esteja com um prazo para um trabalho e simplesmente não consiga lidar com eles agora.

Talvez esteja se recuperando de um trauma e preocupado com o fato de se aprofundar em seus sentimentos mais sinceros, o que o fará regredir em vez de seguir em frente.

Talvez esteja diante de um novo tipo de circunstância inesperada e indesejável, e os sentimentos verdadeiros podem consumir toda a energia que ainda lhe resta.

Seja qual for o motivo, sempre haverá momentos em que fazer o esforço de sentir não é o passo certo. Todos passamos por momentos como esses, e meu conselho é que, quando você se deparar com um deles, permita que o sentimento passe.

Quando Zac teve sua primeira crise emocional em 2014, eu me imaginei em pé em uma praia, observando as ondas de sentimentos que chegavam até meus pés. Eu as observei. Eu poderia tê-las nomeado se você tivesse me pedido. Mas eu não conseguia pular nas ondas e vivenciar o que estava sentindo, por medo de ser arrastada para longe. Eu estava em modo de sobrevivência — não só por mim, mas em nome da minha família. Eu precisaria lidar com essas emoções algum dia. Porém, esse não era *o* dia certo.

Talvez você precise fazer o mesmo.

Se estiver em modo de sobrevivência por qualquer motivo que seja, mantenha-se firme na margem. Observe as ondas chegando, uma após a outra, sucessivamente. Observe-as. Reconheça-as e nomeie-as de acordo com o que elas são. Saiba que você não precisa experimentá-las até que esteja pronto. Minha opinião é que você saberá intuitivamente quando chegar.

QUANDO VOCÊ ESTIVER PRONTO PARA SENTIR

Dito isso, vamos falar sobre como experimentar esses sentimentos. Vou orientá-lo por meio de uma abordagem simples de vivenciá-los. Pode parecer estranho. *Para experimentar um sentimento, não basta , sabe... sentir?*

Sim, sim, sim. Espertinho.

Para algumas pessoas, não é tão fácil assim. Pense na situação da seguinte maneira: a maioria das pessoas sabe de cor a diferença entre quente e frio, mas ficar sentado e sentir, absorver e aproveitar o calor de um dia de verão é totalmente diferente de apenas observar e nomear que o tempo está ensolarado. Se estiver chovendo, você pode apenas observar, ou pode sair e deixar que a chuva o encharque.

Essa é nossa tentativa de sentir a chuva no rosto.

Não tenha pressa. Leia com calma as próximas instruções e dê a si mesmo espaço. Não se trata de algo que possa ser feito com pressa.

PARTE 1: FAÇA UMA PAUSA

Talvez essa seja a coisa mais difícil de se fazer. Faça uma pausa aqui mesmo. Neste momento.

Nos períodos mais difíceis de minha vida, parar e prestar atenção significava correr o risco de me perder em meio a tudo o que estava acontecendo. Pode ser que você esteja em uma fase da vida cujo sentimento que precisa deixar entrar é de felicidade e alegria, porém é mais provável que a pausa que estou sugerindo signifique que, passado um minuto, as lágrimas que precisavam ser derramadas comecem a cair por algumas horas. Às vezes, basta um minuto de silêncio, longe de todas as distrações habituais, para sentirmos tudo o que precisamos sentir.

O silêncio pode parecer um amigo indesejado. As lágrimas, a raiva ou o fato de encarar o próprio medo provavelmente também serão indesejados.

Sinto muito. Gostaria de estar aí com você. Neste momento, eu o imagino sendo amparado por Deus, fazendo uma pausa silenciosa para enfrentar o que vier.

PARTE 2: PERMITA-SE

Lembro-me da viagem de carro após o funeral da minha bisavó. Nunca dei a oportunidade aos meus pais de me consolarem. Nunca me dei a liberdade de chorar alto o suficiente para que eles me ouvissem. Eu tinha muita vergonha por me sentir triste.

Mas, se eu pudesse voltar atrás e observar aquela garotinha de 7 anos chorando no banco de trás do carro, eu a abraçaria, acariciaria e diria: "Sim! É claro que você está chorando por causa da morte! É claro que você está confusa e não sabe o que fazer com tudo isso. Os adultos também não sabem". Eu a abraçaria para que ela se sentisse segura e chorasse diante da tristeza e da loucura que existe no mundo.

Ah, se pudéssemos voltar no tempo. Mas lembre-se. Nós de fato podemos.

É isso que estamos fazendo aqui. Estamos curando partes de nós que nunca foram curadas.

Portanto, após fazer uma pausa e se aprofundar nos sentimentos que está experimentando, permita-se senti-los em sua plenitude.

Apenas perceba o que está sentindo.

Aceite esses sentimentos, exatamente como são.

E aquela parte de você que o está julgando e dizendo por que você não deveria se sentir assim — apenas silencie essa voz e sinta de qualquer maneira.

PARTE 3: OLHE PARA TRÁS

Faça uma pausa. Permita-se. E agora: *Olhe para trás.*

Quero que você relembre os sentimentos que mencionamos no capítulo anterior e pense em um momento *recente* em que teve uma reação forte, um momento em que um desses sentimentos estava claramente presente. O que você sentiu? Quando foi a primeira vez que lembra ter se sentido assim? Talvez você tivesse apenas 6 anos de idade, ou mesmo 20.

Por exemplo, há pouco tempo, minha irmã Katie me ligou de um aeroporto. Ela estava com o coração acelerado e com uma sensação de pânico. Ao pesquisarmos juntas o que poderia estar causando isso, concluímos que boa parte de sua vida aparentava estar em ordem e que não havia um motivo válido.

Contudo, eu me lembrei de dois terríveis episódios dramáticos ocorridos anos atrás, duas situações em que ela foi obrigada a lidar com uma notícia inconcebível, o tipo de notícia que não se escreve em livros porque é muito dolorosa. E adivinhe onde ela estava nas duas vezes em que recebeu essas notícias? Em um aeroporto, sozinha.

Portanto, sim, embora não houvesse nada traumatizante acontecendo naquele aeroporto na semana passada, seu corpo e mente ainda carregavam esses episódios, e, é claro, o fato de estar sozinha em um aeroporto lhe trouxe de volta o sentimento de pânico.

Ficamos ao telefone e conversamos sobre como é louco o fato de que os sentimentos possam nos invadir sem qualquer aviso, simplesmente porque o corpo está em um lugar específico. Minha irmã sentiu o impacto dos sentimentos e os acompanhou enquanto falava comigo ao telefone.

Katie está fazendo terapia há tempo suficiente para saber que o medo, de fato, não a abateria. Ela pôde perceber facilmente que esse medo não passava do vestígio de uma realidade que fazia parte de sua vida. Suas ferramentas lhe foram dadas para que ela pudesse evoluir e amadurecer. Por isso, ao olhar para trás e perceber que não é mais a mesma pessoa de antes, ela conseguiu dizer ao medo com toda a sinceridade: *Ah, sim, você de novo. Então, vamos lá. Está na hora de ir embora.*

Melhor do que qualquer outra pessoa que conheço, minha irmãzinha segue a passagem que diz: "Meus irmãos, considerem motivo de grande alegria o fato de passarem por diversas provações, pois vocês sabem que a prova da sua fé produz perseverança. E a perseverança deve ter ação completa, a fim de que vocês sejam maduros e íntegros, sem lhes faltar coisa alguma".[1] Katie não se deixou abater por seus sentimentos. Ela os enfrentou, me procurou e, sob a perspectiva de seu passado, conseguiu levar esses sentimentos consigo enquanto fazia o que precisava e embarcava em seu voo.

PARTE 4: PERSISTA

O que Katie estava fazendo era aceitar o sentimento e seus desdobramentos sem ressalvas e sem nenhuma regra sobre como esse sentimento deveria se manifestar, o que constitui a Parte 4: *Persista no sentimento* em vez de confrontá-lo. Deixe-o ser o que já é.

Eu sei. Isso vai contra toda a nossa tendência de evitar as emoções ao longo da vida. Mas, embora nossos padrões de controle, confronto e camuflagem estejam, muitas vezes, enraizados no desejo de reduzir o estresse, de acordo com o pesquisador e especialista em vícios, o Dr. Gabor Maté, "a expressão sadia da emoção é, por si só, um fator de controle do estresse".[2]

Em outras palavras, **basta que saibamos expressar as emoções de maneira genuína, em vez de buscar um meio de evitá-las, para que possamos driblar o estresse e seguir com nossa vida.**

Em uma entrevista à *Psychology Today*, o Dr. Brett Ford, pesquisador da Universidade de Toronto, observou,

> É irônico, mas pode ser útil *não* tentar controlar nossas emoções. Ao aceitarmos nossas experiências emocionais e permitirmos que sigam seu curso natural, elas podem se dissipar mais rapidamente.
>
> É por isso que aceitar as emoções é uma estratégia poderosa de controle emocional — isso pode ajudá-lo a se sentir melhor, em parte porque você não perpetua as emoções negativas. O objetivo não deve ser se libertar ou reprimir todas as emoções. É tentar vivenciá-las na intensidade e no contexto certos, e se recuperar mais rapidamente em seguida.[3]

A FÉ E OS SENTIMENTOS NÃO SÃO MUTUAMENTE EXCLUDENTES

Já falei sobre os problemas emocionais pelos quais meu marido passou. Sabe qual foi um dos métodos que o Inimigo usou contra ele? Ele transformou tristeza em vergonha.

Quando Zac enfrentou seu primeiro episódio de depressão, a primeira mentira que ele precisou confrontar foi pensar em qual pecado havia cometido para acabar nessa situação. Sem dúvida, o pecado pode levar à depressão, à ansiedade e a todo tipo de sentimentos negativos, mas geralmente não é esse o caso. Conforme analisava a própria vida, ele não encontrou um pecado óbvio, a não ser o de servir demais e se recusar a repousar. Contudo, não demoramos a concluir que, se estamos passando por alguma dificuldade, deve ser culpa nossa. E se for esse o caso, então os sentimentos que nos acompanham durante os períodos difíceis, como tristeza, medo ou raiva, soam mais como julgamentos do que dádivas.

Então, Zac encontrou um livro curtinho que ficou ao lado de sua cama por um ano. O livro se chamava *Crente Também Tem Depressão*.[4] Ele precisava saber disso.

Talvez você se sinta culpado por ficar triste com frequência. Talvez se sinta culpado por estar quase sempre feliz enquanto seus amigos não estão. Não há dúvida de que somos ótimos em sentir uma emoção: culpa!

Aparentemente, não basta estarmos presos em nossos sentimentos. Precisamos acrescentar outro conflito à mistura: a voz do julgamento que nos diz que "não deveríamos nos sentir dessa forma".

Conforme mencionei, por quase toda a minha vida, o controle foi minha tática para lidar com emoções desagradáveis, em parte porque eu acreditava que, como boa cristã, não deveria estar sentindo aquelas emoções. Pensava que, se acreditasse que Deus era suficiente, não sentiria medo, não ficaria com raiva, não me preocuparia. Parte disso é verdade. Quanto mais cremos em Deus, em como Ele é bom, real, eficiente e poderoso, menos nos preocupamos, mais confiamos n'Ele e menos sofremos. Porém, não se trata de um tipo de jogo cruel em que ofereço a Ele uma fé obstinada sem emoções e Ele retribui com emoções calmas e suaves.

Podemos ter todo tipo de sentimento sem pecar. E você pode sentir todos os sentimentos e não pecar. No Capítulo 12, falaremos sobre as opções que temos para lidar com as emoções e a diferença entre as dificuldades e o pecado. Entretanto, sentir emoções não é pecado. Peço desculpas se é a primeira vez que você ouve falar disso.

Quando estudei a existência emocional de Deus Pai, do Filho e do Espírito Santo, fiquei indignada pelo fato de que, na maior parte de minha vida, fui instruída a acreditar que ter sentimentos fortes era sinal de falta de fé. Porque Deus tem sentimentos profundos e frequentes, de acordo com o que vimos no Capítulo 4. É importante repetir que o próprio Deus expressa emoções. Ele se ira, fica desapontado e até tem medo, como fica evidente na angústia de Jesus no Jardim do Getsêmani. E Ele obviamente sente todas essas coisas sem pecar. Então por que ninguém nunca me ensinou a lidar com meus sentimentos? Se Deus criou as emoções e elas são

Graça de Sentir: Uma História Pessoal

Minha mãe entrou no meu quarto e perguntou: "Como você está?"

"Bem", respondi, tentando empurrá-la porta afora. Para mim, as emoções eram sinais de fraqueza, então eu tendia a reprimi-las. Como ela não acreditou no que eu disse, entrou de qualquer jeito. Aos poucos, comecei a me abrir sobre meus sentimentos de solidão e traição.

"Caroline", ela disse, "você precisa aprender a chorar e se permitir a graça de sentir suas emoções." Ela se sentou na ponta da cama e me abraçou. As lágrimas começaram a brotar de dentro de mim.

Aquelas lágrimas me ajudaram a processar e amadurecer em meio à adversidade.

Nessa fase da vida, minha mãe se tornou minha melhor amiga, porque sempre me deixava à vontade para falar. Além de me ajudar a me sentir segura para expressar meus sentimentos, ela também me ajudou a entender que não estou sozinha para lidar com eles.

— Caroline, 18 anos

relevantes para tantos aspectos da vida e para nossa tomada de decisões, por que isso ainda era novidade para mim?

Confesso que, apesar de todo o esforço que fiz nos últimos três anos, às vezes ainda há uma parte de mim que passa a impressão de que está tudo confuso, e outra que julga o fato de eu estar sentindo tudo isso. Essa parte que julga é a que mais me desgasta. Deus não me impôs esse julgamento; eu o impus a mim mesma. E é muito provável que o Inimigo tenha ajudado nisso.

Sabe aquela parte de nós mesmos que julga tudo o que estamos sentindo? Acreditamos ser Deus. Mas é a vergonha. E a vergonha é uma companhia desgastante. Deus, ao contrário, é o companheiro ideal, aquele que deseja substituir a vergonha e a exaustão por Sua alegria e força. Ele está querendo estabelecer um vínculo com você e comigo. Independentemente do que lhe tenham ensinado, as emoções não são sintomas de pecado ou falta de fé. Elas servem para fortalecer nossa fé, para aprofundar nosso contato com Aquele que nos criou e criou todas essas emoções.

Para desvendar a confusão que envolve os sentimentos, precisamos parar de considerá-los inúteis ou até condenáveis, de modo que possamos aprender a administrá-los da melhor forma possível. Quero que paremos de julgar o que sentimos e passemos a simplesmente sentir. **Desperdiçamos muita energia analisando os sentimentos em vez de apenas sentir o que devemos sentir.** Prometo que é possível mudar, mas isso exigirá tempo e determinação.

COMO COMEÇAR A SE CURAR

Faça uma pausa.

Permita-se.

Olhe para trás.

Persista.

É assim que experimentamos os sentimentos de maneira eficaz e transformadora. É assim que começamos a curar as versões antigas de nós mesmos que estão prontas para finalmente amadurecer.

Pouco depois de iniciar este processo, liguei para meu terapeuta e disse: "Estou me dedicando a isso. Estou experimentando os sentimentos. De verdade, o senhor ficaria muito orgulhoso de mim. Mas estou percebendo que os mesmos sentimentos tolos ficam vindo à tona, sem parar. Será que existe esperança para mim?"

Ao longo da jornada, aprendi a esperar que, se conseguisse lidar bem com determinado sentimento, o próximo que surgisse seria mais agradável.

Dá para imaginar minha decepção quando percebi que não era assim.

"Jennie", disse o Dr. C. naquele tom infinitamente empático, "quanto tempo você levou para chegar até aqui?" Por "aqui", ele quis dizer "esse estado emocional em que você se encontra".

"Cerca de quarenta anos", eu respondi, sabendo exatamente aonde ele queria chegar. "Sim", ele disse. "Vai levar um tempo para você sair daqui".

Caso *ainda* esteja ansioso, deprimido, triste ou com medo, lembre-se de que o progresso tem seu próprio ritmo. Mas chegaremos lá. Com o tempo, parecerá natural perceber o que sentimos e seguir em frente com coragem.

Enquanto isso, ao perceber indícios de que uma versão anterior de você está aparecendo, a versão que foi rejeitada aos 10 anos — a versão que foi excluída aos 12, traumatizada aos 15, insegura aos 21 — siga a lição da minha brilhante irmã Katie e simplesmente aceite essa parte de você.

Eu a compreendo.

E quero que saiba que você é bem-vinda aqui.

Sem pressa. Sem julgamentos precipitados. Apenas compaixão.

11

VOCÊ NÃO ESTÁ SOZINHO NESSA

OBSERVE
NOMEIE
SINTA
COMPARTILHE
ESCOLHA

Quando decidi que queria escrever um livro sobre sentimentos e emoções, fiz o que sempre faço quando estou prestes a lançar um novo projeto: reuni algumas das pessoas mais inteligentes que conheço em uma sala de conferências em Dallas e lhes propus que comentassem o assunto. Algumas delas participavam do IF:Gathering, pessoas que fazem parte do meu cotidiano. E outras não faziam parte desse círculo, pessoas que eu respeito e convido para participar sempre que possível.

Um dos participantes havia sofrido recentemente grandes perdas devido à prática de atividades ilícitas. Ela perdeu o emprego, o ministério, sua reputação ilibada — e quase perdeu sua família. Ela estava visivelmente arrependida e, por ter sido uma amiga de confiança e uma sócia durante anos, eu a convidei para participar.

No início da reunião, todos se apresentaram novamente ao restante das pessoas na sala, e minha amiga contou o que estava acontecendo na vida dela. Em seguida, Chloe, minha colega de equipe, olhou para ela e, na frente de todos, disse: "Uau, só quero dizer que estou muito feliz por você ter decidido vir."

Ela prosseguiu, mas, depois de uma pausa natural, eu disse: "Na verdade, Chloe, considerando que estamos prestes a discutir esse novo projeto, você se importaria de dizer como se sente em relação à presença dela aqui?"

Nesse momento, Chloe chorou.

Essa pessoa pela qual tenho grande afeição também chorou.

Todos os presentes se emocionaram, porque suspeitávamos que o que Chloe estava prestes a dizer refletia exatamente o que sentíamos.

Então, olhando diretamente nos olhos daquela mulher, ela disse: "Estou orgulhosa por você ter decidido vir, por ter decidido compartilhar isso conosco".

Essa única frase, esse único sentimento, alterou o clima do restante do dia. Naquele momento, as palavras de Chloe sensibilizaram profundamente aquela mulher, e fez com que ela se sentisse à vontade ali.

POR ONDE COMEÇAR

Outro dia, eu estava comentando com um amigo sobre como parece que fui parar em uma aula introdutória sobre emoções nos últimos meses. Quase todos os dias, ainda falo algo errado, conduzo minha fala com pensamentos em vez de sentimentos, meto os pés pelas mãos. Mas acho que estou *melhorando*. Pelo menos agora sei quando erro.

Estou dizendo tudo isso porque quero lembrá-lo de que não há vergonha em começar algo novo. Pense na última vez em que você começou a praticar um novo esporte, ter um novo hobby ou aprender um novo idioma. No começo é *difícil*, não é mesmo? Você já visitou um país onde nunca esteve antes e se perguntou como conseguiria se virar com o transporte público? Leva um tempo; então dê esse tempo a si mesmo.

Isso também se aplica nesse caso.

Quando aprendemos a expressar como estamos nos sentindo a outra pessoa, acabamos metendo os pés pelas mãos. De tempos em tempos, acabamos nomeando nossos sentimentos de forma errada. Uma vez ou outra, acabamos nos enroscando neles. Mas não tem problema. Com o tempo, você ficará melhor nesse aspecto.

Primeiramente, certifique-se de que esteja transmitindo seus sentimentos a alguém de confiança. Mencione, talvez, que está lendo este livro e que pode ser um pouco constrangedor, pois está aprendendo. Meu marido ri porque, enquanto trabalhava neste projeto, eu contava a ele todos os pequenos sentimentos que estava experimentando, mesmo os mais ridículos. Ele teve que conter o julgamento, pois sabe que estava hiperfocada em uma prática mais saudável de compartilhá-los.

Ele me disse hoje: "Tive o trabalho de não reagir a tudo isso e ouvi-la e confortá-la sem me preocupar com o fato de você estar sentindo tudo isso!"

Seria interessante encarar esse período como uma fase de construção de um relacionamento mais saudável com as emoções, e não como um ponto de parada no qual você sempre dará um nome para cada estado de espírito ou sentimento insignificante que passar por sua cabeça.

Por enquanto, quero que faça o seguinte: após passar pelo processo de observar, nomear e identificar um sentimento em relação a determinada situação, fale na presença de alguém que você conhece e, de preferência, goste e pratique dizer algumas palavras simples como "Eu me sinto __________________", inserindo uma emoção no espaço em branco.

Apenas isso.

"Eu me sinto... *feliz.*"

"Eu me sinto... *sobrecarregado.*"

"Eu me sinto... *grato.*"

"Eu me sinto... *preocupado.*"

"Eu me sinto... *confuso.*"

"Eu me sinto... *desiludido.*"

"Eu me sinto... *decepcionado.*"

Sei que isso será desconfortável, porém a ciência é clara. Quando nos permitimos ter espaço para sentir e não para refletir sobre nossos problemas, o lado direito do cérebro se ilumina. Estudos científicos mostram que, quando as pessoas são "solicitadas a se concentrar *no que* foi dito — na semântica —, a velocidade do fluxo sanguíneo aumenta significativamente no lado esquerdo do cérebro. Se os participantes desviassem a atenção para a maneira como foi dito — o tom de voz, se estava feliz, triste, ansioso, irritado ou neutro —, a velocidade também aumentava significativamente no lado direito do cérebro." Ao dizer "eu me sinto ________________", o foco passa do lado esquerdo do cérebro para o lado direito. A parte direita do cérebro é o local de conexões, empatia, cura e vínculo com Deus e com outras pessoas.[1]

Você tem praticado esse conceito de maneira velada; agora é hora de abrir a boca. Nem sempre você acertará, ainda mais no início, mas o objetivo não é esse. Neste momento, basta se acostumar a ouvir a si mesmo dizer: "Eu sinto..."

Sei o que você está pensando: *De que forma isso é útil? Não muda nada. Meus problemas continuam sendo meus e preciso lidar com eles, não importa como eu ou qualquer outra pessoa se sinta em relação a eles.*

Uma coisa é experimentar todos os sentimentos, outra bem diferente é compartilhá-los com outras pessoas. Eu entendo. É uma droga. Sempre me sinto assim quando me preparo para fazer isso. Entretanto, não é como me sinto após fazê-lo. Eu me sinto grata por ter compartilhado.

Ser visto de verdade, ser tranquilizado, estar seguro e não se sentir sozinho em sua dor faz com que você se cure de uma forma que não pode acreditar, a menos que a tenha sentido.

Para as pessoas que foram instruídas a não jogar nossos problemas em outras pessoas, talvez seja bom lembrar que Deus não só nos incentiva a compartilhar nossas dificuldades, como também nos ordena: "Levai as cargas uns dos outros e, assim, cumprireis a lei de Cristo."[2] Cumprir a lei de Cristo? Isso parece intenso. Parece importante. Necessário. Contudo, não é possível carregar o que as pessoas não compartilham, e o contrário também é verdadeiro.

Já esteve diante de alguém que chorou e assentiu quando você falou sobre as dificuldades que enfrenta na vida? A reação dessa pessoa o faz chorar e o deixa livre de fardos que você nem sabia que carregava.

O CONFORTO DE UM FARDO COMPARTILHADO

Quando Jesus diz: "Pois meu jugo é suave e meu fardo é leve",[3] Ele não está dizendo que a vida será fácil. Em outras passagens, Ele diz que existem problemas neste mundo e nos convida a carregar nossas cruzes.[4] O fardo é leve porque Ele está conosco, e Sua presença, Seu conforto e Sua amizade tornam a vida mais fácil e doce. Ele alivia o sofrimento porque nunca nos abandona e carrega o fardo conosco.

Um dos momentos mais comoventes da vida de Jesus foi a morte de Seu amigo Lázaro. Dias após a morte de Seu amigo, Jesus chega à casa que Lázaro dividia com as duas irmãs, também amigas de Jesus. Marta está furiosa e lhe diz: "Senhor, se estivesses aqui meu irmão não teria morrido."[5] Quantas vezes já ficamos com raiva de Deus, mas com medo de expressá-la? Jesus não humilhou Marta. Ele a confortou e lhe trouxe mais esperança do que cura terrena: "Eu sou a ressurreição e a vida. Aquele que crê em mim, ainda que morra, viverá; e quem vive e crê em mim, não morrerá eternamente".[6]

Ele conforta Marta por meio da esperança que somente Ele pode dar. Em seguida, Ele se aproxima da outra irmã de Lázaro, Maria, que cai a Seus pés, aos prantos. As escrituras dizem que Jesus mencionou ficar profundamente abalado e comovido com o choro de Maria, e chorou junto com ela.[7] Esse é o único ser humano que já passou pela face da Terra que realmente tinha o poder de resolver o problema da morte, tanto momentânea quanto eternamente. Ainda assim, o Jesus Solucionador não se manifesta nesse caso. Ele aparece e chora junto com Sua amiga.

Por quê?

Ele sabia que ressuscitaria Lázaro dos mortos. Sabia que resolveria o problema para todos eles, tanto temporária quanto eternamente. No entanto, diante da ira de Marta e da tristeza de Maria, Jesus não as repreende; Ele as conforta.

Nesse momento, Ele nos dá um exemplo do que é viver a ordem de Paulo em Romanos: "Alegrem-se com os que se alegram; chorem com os que choram."[8]

Se você já sentiu uma dor como a de Maria, você entende.

Não há o que dizer.

Não há o que fazer.

A única coisa que você quer é que as pessoas ao seu redor sofram com você. Existe algo no fato de chorar com aqueles que estão chorando que ajuda quando nada mais pode e nada mais ajudará. E Jesus sabia disso.

COMPARTILHAR REALMENTE NOS CURA

Se eu não tivesse feito a pesquisa científica sobre esse assunto, não acreditaria que chorar com aqueles que choram realmente nos ajuda e nos cura. Porém, quanto mais aprendemos sobre como o cérebro muda em resposta a eventos traumáticos, mais vemos que o oposto também é verdadeiro: compartilhar nossa história em ambientes seguros e com conexões saudáveis ajuda a curar a mente. Hoje mesmo, uma pessoa me enviou um vídeo sobre o que já li centenas de vezes durante minhas pesquisas: as redes neurais se reconectam após serem rompidas. Isso é real. Pesquise no Google e veja por si mesmo. Trata-se do cérebro fazendo novas conexões em locais onde o trauma danificou algumas partes. São como pequenos fios fazendo um grande esforço para encontrar o caminho de volta um para o outro. Ao observar a cena, parece que eles nunca vão conseguir. Eles nunca vão se reconectar. Nunca vão se curar.

Nossos pequenos amigos neurônios, entretanto, competem entre si e se unem. Eu chorei quando vi isso, porque é por esse motivo que estou escrevendo este livro. De que adianta ter um milhão de sentimentos se eles não proporcionam cura e plenitude? A maneira como eles promovem a cura e a plenitude é por meio da conexão com os outros. E com Deus. Quando compartilhamos nosso sofrimento, nosso medo e nossa preocupação com pessoas confiáveis, que nos conhecem e que nos confortam, nós nos curamos. Novamente, a ciência já me provou centenas de vezes, mas é difícil acreditar que isso possa efetivamente fazer com que as coisas mudem. Mas é verdade.

Ontem, eu estava reunida com um grupo de amigas queridas, e uma delas começou a chorar e a citar uma série de acontecimentos que a deixam angustiada e dos quais ela não consegue se livrar. Tenho observado essa amiga sofrendo com isso há semanas e sabia que um dia ela estouraria, mas ainda não tínhamos tido tempo para conversar a respeito. Finalmente, ela desabafou com todas nós, que ouvimos pacientemente e em silêncio, sem interromper.

Mas eu queria interrompê-la. Enquanto ela falava, as palavras não paravam de vir à minha mente; eu queria transformar suas dificuldades em algo otimista. Porém, aprendi que posso fazer algo melhor. Ficamos tristes junto com ela, e ninguém tentou consertar nada.

Sem dúvida, sempre há um momento e um lugar adequados para fazer perguntas relacionadas ao assunto, apresentar soluções e propor medidas que podem ser tomadas por você ou pela outra pessoa. Porém, em geral, não é disso que as pessoas precisam. Muitas delas sabem exatamente o que precisam fazer. A questão não é um problema de falta de conhecimento. **A questão é que nos sentimos inseguros, mal-amados e invisíveis. Só conseguiremos nos curar quando essas feridas forem tratadas.** Mais tarde, naquele mesmo dia, quando encontrei essa amiga novamente, eu lhe fiz uma pergunta simples: "Você está se sentindo melhor?" Pela primeira vez em semanas, ela deu uma risada, suspirou e disse: "Sim, estou me sentindo melhor".

Sua aparência relaxada e seu sorriso confirmaram mais uma vez o que a Bíblia e inúmeros cientistas já nos disseram: compartilhar nos coloca no caminho da cura.

SENTINDO EM VOZ ALTA

Com tudo isso em mente, desafio você a fazer o seguinte: da próxima vez em que estiver conversando com alguém, em vez de comentar uma história ou uma novidade com algum tipo de declaração entusiasmada, como "Isso é ótimo!", ou, pior ainda, com qualquer frase que comece com "Eu acho que...", force-se a pronunciar *"Eu sinto..."*; force seus lábios a formarem uma frase começando por *"Eu sinto"*.

Depois, diga à pessoa como você se sente. É só isso! Mais nada.

Eis alguns exemplos:

Uma amiga entra correndo na cafeteria com quinze minutos de atraso, cumprimenta você com um rápido beijo no rosto e, em seguida, começa a explicar que a babá não apareceu, a vizinha não estava disponível e que ela quase ficou sem gasolina e todo aquele blá-blá-blá.

O que você diria? "Eu sinto compaixão por você ter iniciado o seu dia dessa maneira tão agitada e fico feliz que esteja aqui agora!!"

Seu filho adolescente desabafa com você sobre uma briga com um amigo. Em vez de perguntar o que ele fez de errado, diga: "Eu sinto gratidão por você confiar em mim para contar isso e fico triste por ter sido tão doloroso".

A cabeleireira que corta seu cabelo lhe confidencia que recentemente descobriu que seu parceiro está tendo um caso. O que você diz? "Eu sinto muito por você ter que passar por isso."

Seu pretendente ou namorado a elogia com sinceridade na frente de uma enorme mesa cheia de convidados durante o jantar. Mais tarde, quando vocês estão a sós, o que você diz? "Eu sinto muita alegria por suas palavras esta noite e me sinto amada. Obrigada."

Vou repetir: ao propor que você pratique o compartilhamento de seus sentimentos com as pessoas, não estou sugerindo que nunca seja apropriado compartilhar soluções. Ideias. Exemplos ilustrativos. Pensamentos. Só estou dizendo que *não precisamos praticar esse tipo de compartilhamento*. **Nós já somos especialistas em compartilhar nossos pensamentos! O que precisamos praticar? Deixar as emoções nos guiarem.**

Portanto, este é o primeiro passo: comece com "Eu sinto..."

O segundo passo é solicitar uma declaração "Eu me sinto..." como resposta.

É isso mesmo que você leu. Além de retribuir às pessoas fazendo comentários do tipo "eu sinto", tente *solicitar* esse mesmo tipo de comentário de vez em quando. Na próxima vez em que se deparar com algum tipo de impasse — uma situação que o esteja incomodando, uma conversa que o tenha deixado frustrado ou fragilizado, um fardo que esteja lhe deixando sobrecarregado —, procure alguém em quem confia, seja um membro da família, um amigo ou um garçom atencioso em sua cafeteria favorita, e diga: "Ei, posso lhe contar uma coisa e você me diz como se sente com relação a isso?"

Conversas Francas: Uma História Pessoal

Por ter crescido em uma casa com um dependente químico, vivenciei uma instabilidade emocional diária. Minha mãe, minha irmã e eu buscávamos dar sentido à disfunção a nosso modo. Sabe qual era a minha maneira de lidar com isso? Absorver qualquer emoção que estivesse pairando em torno de mim. Quem sabe, ao absorvê-las, eu pudesse entendê-las, me proteger delas ou — na melhor das hipóteses — controlá-las!

Tornei-me especialista em me adequar ao estado emocional das pessoas ao meu redor até que meu corpo não aguentou mais. Comecei a fazer terapia quando era jovem e continuei fazendo por décadas. Mas, de tempos em tempos, meu corpo entrava em colapso, normalmente na forma de uma ansiedade incapacitante.

Por fim, aos 30 e poucos anos, insisti mais do que nunca para que Deus descobrisse por que parte de mim queria se encolher dentro do armário e ficar lá para sempre. Com a ajuda de terapia intensiva, medicamentos e conversas incrivelmente francas com as pessoas que eu amava, voltei a viver de verdade. É como se a vida tivesse cor outra vez!

Muitas vezes penso: *será que é possível acabar com toda essa busca pela verdade agora?* Dizer a verdade a Deus, a si mesmo e às outras pessoas é um processo exaustivo, e depois esperar aquela breve pausa para saber até que ponto a pessoa à sua frente é confiável e como ela reagirá. Mas foi na companhia de amizades confiáveis que minha verdadeira cura teve início. Deixar de seguir o padrão de absorver emoções que não são minhas, saber discernir o que sinto de fato e me permitir experimentar meus próprios sentimentos é um desafio diário. Mas agora que sei como é esse processo, não quero voltar atrás.

Acredito e oro para que este livro possa ser um novo começo para você também. Você foi criado de maneira diferente das outras pessoas, amado por Deus e dotado de suas próprias experiências e emoções. Aprofunde-se e as sinta. Que Deus nos dê forças para sentirmos com plenitude, expressarmos nossas emoções com coragem e prosseguirmos em direção ao outro lado, aprendendo o que Deus quer que experimentemos.

— Chloe, 32 anos

Admito que essa abordagem não é das melhores, além de ser um pouco desajeitada, mas foi a melhor que consegui elaborar. E o objetivo foi mantido, que é convidar alguém que você conhece e gosta para expressar como algo que você disse faz essa pessoa se sentir.

Sei que você acha que solicitar para alguém compartilhar sentimentos é a parte mais difícil, mas na verdade não é. A parte mais difícil vem agora, quando é preciso manter a pessoa envolvida nos sentimentos sem que ela mude para o raciocínio.

Vou dar um exemplo: muitas semanas atrás, eu me reuni com um de meus pequenos grupos de mulheres para nosso encontro semanal. Eu abracei rapidamente algumas delas e me sentei em meu lugar.

Já mencionei neste livro que o negócio de Zac — ao qual ele se empenhou durante tanto tempo e com tanta dedicação — começou a ruir diante de nossos olhos. Eu estava passando por uma experiência semelhante no trabalho, enquanto um de nossos filhos estava perdendo o rumo e parecia prestes a se afundar — você entendeu a ideia. Eu tinha sentimentos para *compartilhar*!

Gosto muito das mulheres que fazem parte desse pequeno grupo. Elas são cheias de sabedoria e, ao mesmo tempo, extremamente humildes. Falamos a verdade, cuidamos umas das outras e oramos. No entanto, apesar de todos os benefícios que elas trazem à minha vida, eu não diria que são as amigas mais expressivas emocionalmente que já tive. (Elas estão rindo enquanto leem isso porque sabem que é verdade.) Aliás, nossos maridos, que se reúnem semanalmente e trocam mensagens diariamente, são muito mais emotivos do que o lado feminino desse grupo.

Simplesmente não temos o hábito de falar sobre coisas delicadas como as emoções. Mas naquele dia, eu tinha planos de fazer todos experimentarem seus sentimentos.

Conversamos um pouco e, em seguida, perguntei se poderia fazer um resumo do que estava acontecendo na casa dos Allen e ver quais sentimentos isso despertaria no grupo. Ao longo dos anos, aprendi que às vezes você precisa pedir explicitamente o que precisa. Por isso, antes de começar a falar, eu disse: "Escutem, sei que vocês são muito inteligentes, têm centenas de anos de experiência entre vocês, já viram e fizeram de tudo, mas não quero saber o que pensam sobre o que vou contar. Quero saber como vocês *se sentem*".

Elas assentiram gentilmente. Desabafei com elas sobre cada uma das diversas questões que eu vinha carregando, depois soltei o ar que estava segurando o tempo todo e olhei à minha volta. Nenhuma delas tinha saído correndo de medo — um bom sinal. Mas também observei isto: ninguém falou nada.

"Bem", eu disse, "o que vocês acham?"

Uma delas começou a responder: "Bem, eu acho que...".

"Espere, espere", eu disse. "Não foi isso que eu quis dizer. Eu quis dizer, como você *se sente*?"

Ela tentou novamente. "Está bem, vamos ver. Eu... *sinto*... orgulho de você."

Como reflexo, eu sorri.

"Eu sinto orgulho de você por ter nos contado", ela disse. "E por passar por uma fase tão difícil com o Zac de maneira tranquila."

Outra se manifestou. "Eu me sinto triste por vocês estarem passando por uma fase tão difícil neste momento".

Outra: "Sim, eu concordo. E gostaria de acrescentar que sinto compaixão por sua situação. Não é fácil enfrentar nenhuma dessas circunstâncias, mas vocês estão conseguindo enfrentá-las".

Meus olhos se encheram de lágrimas. O habitual e rápido comentário se transformou em empatia, e minha alma se sentiu compreendida e confortada. Observada. Tranquilizada. Segura.

Era exatamente a mesma experiência que eu tinha tido com o Dr. C. durante aquela sessão de terapia individual, mas, *obviamente*, o Dr. C. diria a coisa certa. No entanto, eu não tinha certeza se as pessoas comuns, as pessoas normais, aquelas que vivem no mundo real, também poderiam dizer ou diriam a coisa certa — não a palavra "resolver", mas a palavra "sentir". Eu queria saber se isso funcionaria sem a presença de um profissional contratado.

E funciona.

LEMBRE-SE DO OBJETIVO: *CONECTAR-SE*

Há alguns meses, meu filho Cooper estava tendo um dia difícil. Eu o ouvi chorando no banheiro e, quando entrei, perguntei: "Ei, o que houve, querido?" Em meio a soluços, ele explicou que tinha sido excluído de um encontro com os amigos.

Ficou claro para mim como ele se sentia, mas devo dizer que fiquei muito emocionada quando ele olhou para mim e disse: "Mãe, estou triste".

"É claro que está. E me sinto triste por você", eu disse.

E eu realmente me sentia.

É claro.

Em algumas situações, o certo teria sido permitir que nós dois ficássemos tristes. Mas o problema é o seguinte: a resiliência aumenta à medida que observamos, nomeamos, sentimos e compartilhamos nossos sentimentos; ao fazer isso, descobrimos que somos considerados, consolados e que estamos seguros.

Cooper está na adolescência; nessa fase da vida, há todo tipo de drama. A verdade é que ele já tinha sido excluído antes. Já tínhamos derramado essas mesmas lágrimas.

Abracei meu filho, depois me afastei e disse: "Querido, o que aconteceu quando você foi excluído outras vezes?"

Ele ficou com os olhos arregalados e, em seguida, eles se iluminaram. "Eu já *fui* excluído antes. E ficou tudo bem. Eu fiquei bem." Então, ele olhou para mim e disse: "Além disso, eu tenho vocês".

Sim, querido, você sempre terá sua família. Quero que meu filho se sinta confortável em ficar triste e ser excluído. Quanto mais ele experimentar essa segurança, e nós e Jesus estivermos ao lado dele, mais sua alma se curará.

As dificuldades, na verdade, estão nos transformando naquilo que somos, como bem sabia o apóstolo Paulo:

> Não só isso, mas também nos gloriamos nas tribulações, porque sabemos que a tribulação produz perseverança; a perse-

> verança, caráter; e o caráter, esperança. E a esperança não nos decepciona, porque Deus derramou seu amor em nossos corações, por meio do Espírito Santo que nos foi concedido.[9]

Não há esperança que nos decepcione, porque existe esse vínculo emocional que nos une, que nos atrai uns para os outros e para Deus. A dádiva de sentir e avançar em meio a tudo isso — juntos. É uma beleza angustiante. **Os sentimentos não são curados se os ignorarmos; eles são curados se formos envolvidos por pessoas que amamos em meio a eles.**

Vi a resiliência, a maturidade, a conexão, o caráter e a esperança surgindo bem diante dos meus olhos enquanto estávamos lá, sentados no chão do banheiro, tristes... juntos.

12

O QUE FAZER COM SEUS SENTIMENTOS

OBSERVE
NOMEIE
SINTA
COMPARTILHE
ESCOLHA

No ensino médio, namorei um jogador de golfe, então costumava assistir a muitas partidas. Meu jogador favorito era o Tiger Woods. Eu sempre pensava em como eu estava feliz por não ser um golfista na PGA Tour nos anos em que ele estava no auge. Que infelicidade ser um excelente golfista e ter o azar de competir na mesma época em que ele estava na ativa. Ninguém se importava com a excelência do segundo melhor jogador, ou mesmo com quem ele era, pois tudo girava em torno de Tiger. Ele dominou tudo no campo em determinado momento. Todos acreditávamos que, enquanto ele jogasse, sempre seria o melhor. Como poderia ser diferente, com todo aquele talento?

Mas Tiger era uma pessoa complicada, como todos os seres humanos. Ele tinha um lado sombrio que o consumia por dentro. Ele escondeu isso até não conseguir mais. Como é possível a vida pessoal de um jogador de golfe interferir tanto em seu desempenho? Apesar de nos esforçarmos para separar as coisas, nossas emoções inevitavelmente afetam nosso cotidiano. Os resultados positivos de Tiger no golfe foram prejudicados pela confusão em sua vida pessoal e emocional.

Queremos acreditar que podemos compartimentar as coisas em diferentes áreas para evitar lidar com elas. Acreditamos que podemos...

Ser um ótimo trabalhador.

Ser ótimos pais.

Ser um ótimo cônjuge.

Ser um ótimo estudante universitário.

Ser um ótimo cristão.

E ainda assim, ser um fracasso do ponto de vista emocional.

Não é bem assim. As emoções afetam tudo.

Queremos ser emocionalmente saudáveis, mas como?

Observamos, nomeamos, sentimos e compartilhamos. E depois?

E se ainda parecer que isso pode nos prejudicar?

Chegamos a um ponto nessa jornada — e provavelmente chegaremos a ele várias vezes todos os dias — em que, assim que observarmos, nomearmos o que sentimos e, de fato, sentirmos e compartilharmos esse sentimento, precisaremos decidir o que fazer com ele.

Embora você ache que não está fazendo nada com seus sentimentos, você está.

Talvez você os tenha deixado de lado, ignorado, guardado a confusão deles em uma gaveta do seu coração. Mas eles ainda estão lá.

Ou talvez você tenha deixado suas emoções correrem soltas e permitido que elas controlassem seu cotidiano, seu ano, sua vida.

De qualquer modo, a decisão foi tomada, intencionalmente ou não. Mas você tem outra opção: pode sentir as emoções, compartilhá-las com as pessoas que ama e permitir que elas o aproximem de um Deus disposto a carregar seus fardos. Como a Bíblia nos diz: "Lancem sobre ele toda a sua ansiedade, porque ele tem cuidado de vocês".[1]

Ao optar por participar desse processo, você se dedicará de todo o coração. Ele o conduz a uma conexão, ao estilo de vida que Deus criou e deseja para você.

PRIMEIRO, ESCOLHEMOS FAZER ISSO COM DEUS

Mas vamos entender o que realmente significa, fazer isso com Deus. Não há nada pior que alguém citar um versículo da Bíblia como se fosse uma salvação e não conseguirmos entender por que isso não está funcionando para nós. É como se todas as outras pessoas precisassem de apenas um versículo para acalmar o coração e perder o medo.

Vamos examinar uma situação em que o envolvimento no processo aconteceu com Jesus e Seus discípulos.

Em Mateus 8, os discípulos e Jesus estão em um barco quando uma tempestade violenta surge e deixa os discípulos apavorados. Jesus, no entanto, está dormindo na parte de trás do barco. É óbvio que os discípulos ficam ansiosos e não conseguem acreditar que o rabino esteja dormindo em meio à tempestade. Por isso, eles vão acordá-lo e dizem: "Senhor, salva-nos! Vamos morrer afogados!"

Nesse momento, Jesus diz: "Eu cuido disso". E resolve o problema.

No futuro, porém, os discípulos enfrentarão muitos problemas que Ele não solucionará de maneira tão simples. Eles serão presos, espancados e rejeitados. Pedro será crucificado. João será exilado em uma ilha. As tempestades virão com ainda mais força do que naquele dia no mar.

Mas...

Havia algo completamente diferente na maneira como eles enfrentaram essas tempestades. Eles passaram de pessoas que agradavam aos outros, que competiam por honrarias, que duvidavam de si mesmas e de Deus, que temiam uma pequena tempestade... para pessoas que dariam suas vidas por esse Deus.

O que mudou?

Como o estado emocional desses homens pôde ser tão completamente alterado poucos anos depois?

Porque eles caminharam com Ele.

Conversaram com Ele.

Serviram com Ele.

Aprenderam com Ele.

Tornaram-se como Ele.

Foram preenchidos por Ele.

E, enquanto isso acontecia, dia após dia, durante anos, eles confiaram n'Ele. Passaram de pessoas com medo de morrer em um barco com Ele para pessoas dispostas a dar a vida por Ele. Porque Ele se importava com eles. Assim como se importa com você.

A fé não é invocada; ela se desenvolve. E aumenta graças a um bom convívio, não à sua força de vontade.

A fé se desenvolve em noites de desespero, quando você não consegue parar de chorar e acha que ninguém está olhando para você; mas Ele está ao seu lado, e você O sente e O conhece.

Nas salas de espera, onde parece demorar horas até que o médico apareça para lhe dizer se seu ente querido está bem ou não, Ele está ao seu lado. Ele se preocupa com você.

Nas injustiças cometidas no trabalho, quando você é mal interpretado e não fez nada de errado, mas Ele sabe e permanece com você. Ele se importa com você.

Pela alegria que você sente em um dia ensolarado, quando a playlist é perfeita e você está caminhando e conversando com Ele. Ele está lá.

Sim... Ele está lá.

Com você.

Sempre.

Um vínculo com Deus — isso muda tudo. O Senhor desata os nós caóticos em nossas almas — embora talvez não da forma que esperávamos e que aprendemos, ou seja, fingindo que eles não estão lá, dizendo a nós mesmos que está tudo bem e nos recriminando porque, se acreditássemos em Deus o suficiente, não ficaríamos tão tristes ou preocupados.

Ele desfaz os nós em meio a crises de choro e pura honestidade, fazendo com que voltemos sempre a Ele... porque Ele se importa conosco. Ele deseja nos conhecer por inteiro. Ele quer saber tudo.

Então, optamos por observar, nomear, sentir e compartilhar — e, em cada passo desse caminho, convidamos Jesus a participar. Contamos tudo a Ele.

Minha rotina de oração é, em grande parte, uma mistura de sentimentos que me levam até Ele. Corro até Ele e Lhe transmito meus sentimentos quando não consigo fazer nada em função do meu filho que está ansioso, quando estou tão brava com Zac que tenho vontade de dar um soco nele, quando estou triste por ter sido deixada de fora de uma reunião de amigas, quando fico atônita ao vê-lO transformar a vida de alguém.

A alegria nos conecta a Deus, criador de todas as coisas boas.

O medo nos conecta a Deus, que é o nosso porto seguro.

A ira nos conecta a Deus, nosso vingador.

A tristeza nos conecta a Deus, que entende a rejeição.

Até sentimentos como culpa nos conectam a Deus, que morreu por nossa culpa, nossa vergonha e nossos pecados.

Gostaria que não fosse assim. Gostaria que meu relacionamento com Deus não fosse baseado em lágrimas e emoções intensas. Por outro lado, eu não mudaria isso. Porque não vejo outra maneira. Os sentimentos que sempre tive medo de expressar são a corda que Deus amarrou em minha cintura, me puxando para perto d'Ele. Se eu não resistir a isso por meio do controle, do confronto ou da camuflagem, pode ser assustador, porém n'Ele encontrarei meu lar e refúgio.

E você também pode encontrar.

EM SEGUIDA, ESCOLHEMOS A VERDADE NUA E CRUA

Sabe quem é bom nisso? A Geração Z. (Se você for desta geração, vou falar um pouco mais diretamente sobre você).

Presenciei o poder de cura de Deus na vida de outras pessoas que optaram por deixar suas emoções aproximá-las d'Ele, e estou convencida de que essa atitude — ser verdadeiro, autêntico e sincero com Deus sobre as dificuldades e os pecados — é exatamente o que ajudará esta próxima geração, e todos nós, a desvendar o caos que existe dentro de nós.

Há muitos anos, antes de eu saber que a Geração Z era chamada assim, percebi uma mudança nos ambientes em que eu estava palestrando. A primeira ocasião em que isso aconteceu foi no Breakaway (um estudo bíblico no campus) da Texas A&M University, em 2018. Já escrevi sobre esse evento anteriormente, portanto não entrarei em detalhes agora, mas, resumindo o que aconteceu naquela noite, eu poderia dizer que houve uma confissão coletiva, bem diante dos meus olhos. Ao final da palestra, pedi a todos ali presentes que expusessem o fardo que estavam carregando, o grande pecado que estavam escondendo, algo que não era de conhecimento de ninguém na vida deles — colegas de quarto, familiares, amigos.

Nós não escondemos segredos; são os segredos que nos escondem. E eu sabia que, enquanto aqueles alunos não admitissem o que estavam escondendo, o crescimento espiritual deles seria prejudicado.

Então, perguntei: "Qual é o segredo que vocês estão guardando? Que pecado precisam confessar?"

Antes que eu entendesse completamente o que estava acontecendo, os jovens começaram a se levantar de seus lugares, um de cada vez, depois seis, dez ou vinte de cada vez, para literalmente gritar seus pecados. Diante das pessoas de quem gostavam, que amavam ou queriam ser gostados e amados, gritavam: "Pornografia!" "Sexo!" "Consumo excessivo de álcool!" "Pensamentos suicidas!" "Distúrbio alimentar!" "Automutilação!"

Eles não paravam. Quando uma pessoa era honesta, todos se sentiam livres para também o serem, e, de pé ali, com o microfone na mão e as lágrimas escorrendo pelo rosto, eu balançava a cabeça, admirada.

Todas as vezes que eu levava o microfone à boca para encerrar o tempo de confissão, mais dez jovens gritavam seus pecados ou dificuldades. Era como se não quisessem perder a chance de dizer isso em voz alta. De se libertarem disso.

Alguns meses depois, dei uma palestra na Baylor University e aconteceu a mesma coisa. Dei outra palestra na Conferência Passion, em

Atlanta, para 65 mil estudantes. Foi a mesma coisa. Uma geração inteira estava me dizendo, dizendo uns aos outros e a Deus que estava farta de sofrer com suas amarras.

Eles estavam prontos para se libertar.

E você, está pronto?

O preço da liberdade sempre é alto. As aparências, e até mesmo a reputação, têm um custo elevado. Custa nosso controle na medida em que confiamos tudo a Deus, pois aprendemos que Ele determina como tudo vai acontecer. Ela representa um custo para os vícios doentios que acreditamos serem fontes de bem-estar, mas que, na verdade, estão nos aprisionando e nos cegando.

Na semana passada, enquanto eu trabalhava nesta parte do livro, recebi uma notícia no meu celular com o título: "Meninas adolescentes estão enfrentando níveis recordes de depressão e violência: CDC". Cliquei no link e li esta introdução: "De acordo com novos dados do CDC divulgados hoje, cerca de 3 em cada 5 (57%) meninas adolescentes dos EUA se sentiram persistentemente tristes ou sem perspectivas em 2021 — o dobro dos meninos, representando um aumento de quase 60% e o índice mais alto registrado na última década".[2]

Três em cada cinco. Isso equivale a quase 60% de todas as meninas adolescentes, um índice muito alto. Se olharmos essa estatística, veremos que estamos diante de uma crise de saúde mental. Realmente estamos.

Mas isto é o que um número como esse me diz: se existe uma crise nesse caso, trata-se de um problema básico de *conexão*. Nesse mesmo artigo do CDC, a culpa era das redes sociais. E os efeitos devastadores que a pandemia de covid-19 teve sobre todos nós. Além disso, a tendência nos últimos anos é de menos contato pessoal e mais realidade virtual em nossas vidas.

O sistema não funciona. Sabemos disso. E, até certo ponto, sabemos por que.

É claro que, se passarmos mais tempo do dia sozinhos, em frente a uma tela, observando o que os outros gostam de mostrar que têm de melhor, sentiremos tristeza e desesperança com frequência — não só adolescentes, mas todos nós. A negatividade e o desastre estão por toda parte. Naturalmente, recorremos à comida, ao álcool ou a qualquer outra coisa para nos ajudar. Tentamos *qualquer coisa* que ofereça um pouco de conforto.

Mas algo está acontecendo com essa geração que é radical e que ninguém esperava: aqueles que amam Jesus são *fanáticos*. Eles O amam *de verdade*. Eles se livram de seus pecados e problemas mais rápido do que qualquer outra pessoa que eu tenha visto para seguir Jesus com total devoção. Eles querem Deus. Para eles, isso não é nada complicado. Eles só querem saber mais sobre Ele.

Quando os cristãos iam à igreja só porque precisavam, a dúvida aumentava. Essa geração, no entanto, está dizendo: "Sabe de uma coisa? Ninguém está me pressionando a fazer isso, mas vou seguir Jesus e não me importo o que isso vai custar". E Deus está agindo. Precisamos olhar e aprender com esses jovens e lhes proporcionar o que é necessário para que sejam bem-sucedidos. Precisamos torná-los discípulos.

Certo dia, eu estava trabalhando neste livro e vi no Instagram uma notícia de que estava surgindo um reavivamento em uma capela localizada na Asbury University. Os estudantes permaneciam ali diariamente para ficar na presença de Deus. Um dos meus amigos da Geração Z me procurou e disse: "Vamos lá, Jennie. Vamos ver isso de perto". Fomos para Asbury naquele dia, e foi tudo o que você pode imaginar e muito mais.

Simples.

Sem planos.

Oração, adoração e confissão.

Eram apenas jovens carregando seus travesseiros e sacos de dormir para permanecerem na presença de Deus a noite toda. Eles não queriam ir embora. E não foram. Apenas ficaram lá.

Essa geração mais jovem busca Deus e ao mesmo está atravessando uma crise generalizada de saúde mental. Acredito que essas duas verdades estejam relacionadas.

Muitas vezes, buscamos Deus apenas quando estamos desesperados. Será que você está lendo este livro por estar se sentindo assim? O desespero não representa só um problema, mas também uma oportunidade. Pessoas desesperadas vão buscar ajuda que, de outra forma, não precisariam. E temos um Deus que responde: "Peçam, e lhes será dado; busquem, e encontrarão; batam, e a porta lhes será aberta".[3]

Jesus está falando da esperança em Si mesmo — de salvação, perdão. Se você quiser entrar, é só bater na porta e tudo isso será seu. Em seguida, resolvemos o restante da questão com medo e receio, à medida que caminhamos em direção ao lar eterno.

Jesus é a esperança deles.

Jesus é a nossa esperança.

Mas precisamos ser honestos a respeito de nossa situação e nossa necessidade urgente de Deus.

TODOS FICAMOS enrolados, atolados e irritados de vez em quando. Para isso, existe ajuda. Imagine que estamos sentados frente a frente em uma mesa e que você está me relatando como se sente incomodado e dominado pelo medo, pela raiva ou pela tristeza. Quero que olhe bem para mim. Não estou julgando você. Não estou desprezando seus sentimentos. Meu semblante é de compaixão e empatia, e eu não vou sair da sala.

Às vezes, o "E conhecerão a verdade, e a verdade os libertará"[4] consiste em dizer a Deus e às outras pessoas o que é verdade sobre o seu estado emocional. A palavra de Deus liberta as partes de nós que precisam ser libertadas, e precisamos ser honestos em relação às nossas dificuldades, ainda que pareça impossível expressar abertamente...

Confessar pensamentos suicidas.

Confessar a frustração por causa de um divórcio indesejado.

Confessar o medo angustiante de nunca mais se casar.

Confessar a dor que ainda sente por ter perdido um dos pais.

Confessar é expressar a verdade. Às vezes, a verdade é que a vida é difícil porque você está escolhendo o pecado. Você está tendo relações sexuais com um namorado, abusando de álcool, consumindo pornografia. Está escolhendo algo além de Deus, e isso o deixou emocionalmente doente.

Mas, às vezes, a verdade sobre o que estamos enfrentando não é o pecado. Em muitos casos, ficamos emocionalmente abalados porque a vida simplesmente é difícil e estamos destruídos por dentro e por fora, e nada funciona como gostaríamos.

Porque tudo está tão arruinado. A Bíblia, no entanto, traz esperança em meio a essa fragilidade.

"Aqueles que semeiam com lágrimas, com cantos de alegria colherão."[5]

"Bem-aventurados os que choram, pois serão consolados."[6]

Jesus disse: "Eu lhes disse essas coisas para que em mim vocês tenham paz. Neste mundo vocês terão aflições; contudo, tenham ânimo! Eu venci o mundo".[7]

Deus não teme a desordem, e nós também não devemos temê-la. Ele tem um plano para nos libertar — tanto para a vida daqueles universitários quanto para a vida de Zac, a minha e também a sua.

MAS E SE AINDA ESTIVERMOS AFUNDANDO?

Dirigimo-nos a Deus e às pessoas que amamos. Avaliamos se a resposta que damos aos nossos sentimentos é saudável e sensata em determinada circunstância, como a mágoa pelo término de um relacionamento, ou se adotamos comportamentos prejudiciais à saúde ou até pecaminosos, como nos isolarmos a fim de nos protegermos de sofrimentos futuros ou tentarmos remediar feridas emocionais dormindo com várias pessoas.

Não existe uma maneira certa de se sentir triste; você simplesmente se sente triste. Contudo, a escolha do que fazer com essa tristeza pode arruinar sua vida. Você pode beber para se sentir feliz outra vez, ou pode se conectar com outras pessoas e com Deus.

Lembra-se da imagem dos vagões do Capítulo 4? É nesse ponto que nossa determinação deve tomar uma decisão sobre o que fazer com os sentimentos. Para onde eles nos conduzirão? Será que recorreremos à ajuda de Deus e de outras pessoas com frequência? Seremos consumidos pela raiva ou pelo desespero? Ou optaremos por enfrentar todo o processo e deixar que as emoções nos conduzam a situações de mais empatia e conexão?

Muitas vezes, basta darmos os quatro primeiros passos — observar, nomear, sentir e compartilhar — sem julgamentos e permitir que os sentimentos nos conectem a Deus e às pessoas. É normal se entregar a esses sentimentos por um momento e deixar que eles cumpram a função para a qual foram concebidos. Eles são verdadeiros e reais, e é realmente saudável senti-los.

Mas, algumas vezes, um sentimento que deveria durar apenas alguns dias se prolonga por anos, ou descobrimos que determinado sentimento sempre nos impulsiona a adotar um comportamento não saudável.

Confiando Nossas Emoções a Deus: Uma História Pessoal

Ainda consigo ouvir a frase "as emoções são desculpas" sendo bradada pelo meu pai, que não conhecia outra maneira de ser pai. As gerações anteriores à nossa não sabiam outra maneira além de reprimir, anular e ignorar as emoções mais sensíveis de uma pessoa.

Carreguei essa mensagem comigo quando perdi a virgindade aos 13 anos de idade com um cara extremamente manipulador. Carreguei essa mensagem comigo quando anestesiei a dor recorrendo ao álcool e às drogas aos 16 e aos 18 anos. Carreguei essa mesma mensagem enquanto permaneci em um casamento abusivo por tempo demais. "As emoções são desculpas", eu lembrava a mim mesma. "Apenas seja forte. Não desista."

Então me apaixonei por Deus que criou a mim e às minhas emoções. E agora sei a verdade: Ele está próximo dos que têm o coração partido. E não apenas isso, pois Ele dá vida a Seus filhos e filhas destruídos por dentro.[8]

Para Deus, suas emoções e as minhas não são secundárias; são prioridades, e acredito que Ele faz Seu papel da melhor maneira possível quando as submetemos a Ele. Temos um Pai celestial maravilhoso.

— Toni, 32 anos

Embora a confissão contribua para a cura, existem outras decisões que precisam ser tomadas.

Precisamos de terapia?

Precisamos abandonar os hábitos pecaminosos?

Precisamos lidar com as feridas que nos afligem desde a infância?

Precisamos nos curar de circunstâncias que fogem ao nosso controle?

Precisamos adquirir novos padrões de comportamento saudável para lidar com as explosões emocionais?

Precisamos de aconselhamento matrimonial?

Precisamos de uma nova forma de viver a vida de um jeito mais saudável?

Será que esse sentimento é algo que passará em um ou dois dias? Ou é um período que durará semanas ou meses?

Ou será que nossas emoções se transformaram em barreiras que estão nos dominando e já não estamos mais no controle?

Suponha que todas as suas emoções são o mar e que você está na areia da praia. Algumas vezes, as ondas batem em seus tornozelos ou talvez até nos joelhos. Você só está observando e experimentando as emoções.

Outras vezes, porém, elas o arrastam para o fundo. Quem sabe para um mergulho, em um belo dia.

Ou talvez uma correnteza esteja puxando você para mais adiante, e você foi parar tão longe que precisa ser resgatado.

Essa parte do processo não é simples; é uma jornada para identificar o que você está sentindo e o que tanto você quanto sua comunidade acreditam que precisam. Se observar, nomear, sentir e compartilhar fizeram com que você e seu grupo concluíssem que as emoções estão indicando que é hora de realizar alguma mudança, no próximo capítulo, haverá uma série de ideias sobre como fazer essa escolha.

GUIANDO NOSSA ALMA

Ao longo dos últimos anos, passei a me enxergar como o pastor da minha própria alma. Durante muito tempo, fiquei esperando que alguém de fora viesse me corrigir, que me curasse e que resolvesse as coisas para mim.

Por ser discípula de Jesus, estou ciente de que não tenho nenhum poder além de Cristo em se tratando da redenção eterna. Também estou ciente de que todos os chamados nas Escrituras foram feitos com a premissa de que eu os realizaria no âmbito da vida comunitária.

Mas eis o que eu não tinha percebido: à luz dessas verdades, Deus elaborou um plano e providenciou os meios. Há esperança e cura graças a Jesus e a tudo o que Ele fez, *e* temos o poder de transformar, amar, nos envolver e tomar novas decisões graças ao Espírito Santo. Tudo isso é possível graças à Sua força em nós.

Aprendi que não há nada melhor do que fazer essas duas perguntas para me ajudar a entender melhor os nós em minha alma, convidando-O a entrar, algumas vezes de hora em hora:

. . .

Deus, o que o Senhor quer que eu saiba?
Deus, o que o Senhor quer que eu faça?

Jamais teremos as respostas para essas perguntas se não as fizermos. Ele está aguardando para conduzi-lo por águas tranquilas, para guiar sua alma! Ele está esperando que você tome a decisão de querer ser curado.

PARTE QUATRO

abrindo caminho para o futuro

13

LIDANDO COM PROBLEMAS PERSISTENTES

Muitas vezes, o motivo pelo qual caímos nas armadilhas emocionais de tentar controlar nossos sentimentos, de lidar com eles em vez de reconhecê-los e de escondê-los é que as recordações por trás deles são gatilhos muito fortes e nos deixam momentaneamente paralisados, sem saber como agir.

Conversando com uma amiga sobre como é difícil expressar sentimentos duros, ela disse: "Tenho emoções que nunca conseguirei expressar por completo. São como um fio solto no meu suéter e, se eu puxá-lo, o suéter se desfará completamente".

Isso é tão verdadeiro, não é? Às vezes nos sentimos assim.

Mas a verdade é a seguinte: o suéter precisa ser desmanchado, porque ele não mantém *ninguém* aquecido. Foi o que eu disse à minha amiga. "Eu entendo você, mas, em vez de pensar que esses sentimentos indesejados são um suéter bonito e confortável, é melhor pensar neles como uma corda com muitos nós enrolada em seu pescoço. Você só terá benefícios se conseguir desatá-los."

Às vezes, as emoções fortes são justificáveis — como um diagnóstico grave, o fim de um casamento, a perda de um dos pais, ou dificuldades financeiras —, e outras não têm necessariamente raízes na realidade. De qualquer forma, as emoções estão presentes e há algumas medidas concretas que você pode tomar para lidar com elas de maneira saudável.

Não importa se o que você não quer é ter que lidar com a frustração de alguém, com a sensação de que não é bom o suficiente, com o sentimento de que nunca será capaz de mudar, de que sua vida está destinada ao um fracasso, de que será sempre uma pessoa incompreendida, ou achar que nunca encontrará um grupo de amigos leal a você, que nunca será digno de amor, ou qualquer um dos milhares de sentimentos negativos e outras situações ainda mais concretas e inevitáveis...

Como alguém que já esteve emocionalmente estagnada na vida inúmeras vezes — e que *ainda hoje*, de vez em quando, fica confusa, como se tivesse presa na coleira de um cachorro agitado — **há situações em que a mera conscientização pode ajudar a resolver o problema e nos libertar. Por outro lado, há situações em que é necessário receber algum tipo de ajuda.**

Muitas vezes, apesar de já termos sentido a dor e permitido que ela nos conduzisse a Jesus e a outras pessoas, parece que nunca conseguiremos nos libertar.

Você não está louco.

Todos passamos por isso.

Contudo, mesmo quando nos permitimos assumir a verdade e reconhecer que não existem soluções mágicas, sabemos que há medidas concretas que podem ser tomadas para ajudar a desatar esses nós.

COMECE PELO CORPO

Já contei que fizemos uma jornada de saúde mental não só em nossa família, mas também com vários amigos próximos. E descobrimos que os sentimentos com os quais estamos lutando costumam ser intensificados pelo modo como tratamos — ou, mais frequentemente, maltratamos e ignoramos — nossos corpos.

Quando as pessoas nos procuram, após uma conversa inicial, Zac e eu sempre propomos que elas comecem da mesma maneira: "Vá ao seu médico", nós dizemos. "Faça um check-up completo, da cabeça aos pés."

A verdade é que, na idade adulta, achamos horrível manter os cuidados físicos em dia. Somos completamente obcecados em garantir que os filhos façam check-ups anuais e tenham acesso a todos os recursos necessários para que cresçam saudáveis e fortes. Mas, se você perguntar em seu círculo de amizades, ouvirá a mesma coisa que eu ouço no meu.

"Um check-up? Não faço um desses há... anos." "Médico? Meus filhos têm um pediatra, mas eu não costumo ir a médicos."

"Sim, nosso plano de saúde não é muito bom. Nunca vamos ao médico."

Sem querer ser autoritária, mas já sendo, mesmo que essas e todas as outras desculpas se apliquem ao seu caso, deixe-as de lado e vá fazer um check-up. Eis o motivo: nós mudamos.

Também é verdade que, mesmo que você não apresente nenhum sintoma aparente que aponte para uma doença, um distúrbio ou uma disfunção, não pode presumir que está tudo bem com você, meu amigo. Tudo está bem até que não está mais. Não estou certa?

Você ficaria chocado se soubesse o que ouço de meus amigos e familiares quando finalmente seguem esses conselhos. Eles me procuram para contar as coisas mais bizarras.

"Jennie, o problema era minha tireoide! Ela praticamente *parou de funcionar*."

"Jennie, tenho insuficiência suprarrenal aguda. É por isso que não consigo me levantar da cama!"

"Jennie, meus exames de sangue estavam todos alterados. Quem poderia imaginar que eu precisava de vitaminas para manter a saúde?"

"Jennie, estou com a pressão *altíssima*! Não é à toa que me sinto ansioso na maior parte do tempo."

"Jennie, minha dosagem de hormônios está completamente alterada. Eu não tinha ideia!"

Muitas dessas declarações são de pessoas jovens, na casa dos 20 anos. Todos precisamos seguir esses conselhos.

Por fim, você sabia que o sistema endócrino do corpo — nosso sistema hormonal — está associado à parte do cérebro que processa os sentimentos?[1] Portanto, se você é uma mulher ou um homem com problemas emocionais e não faz testes hormonais há mais de doze meses, procure um profissional agora mesmo. Se não tiver plano de saúde, procure um posto de saúde gratuito. Em Dallas, nos Estados Unidos, a igreja que frequento oferece atendimento médico gratuito em diversas instalações para quem não tem plano de saúde.

Mesmo que não haja nada de errado com sua saúde, há muitas maneiras de cuidarmos melhor de nosso organismo. Às vezes, precisamos de remédios para depressão e ansiedade e, graças a Deus, eles existem. Porém, antes de prescrever esses medicamentos, minha médica clínica geral, que é crente, faz uma lista de perguntas sobre as medidas que devemos tomar primeiro. Aqui estão algumas delas, acompanhadas de breves comentários sobre por que cada uma é relevante para nosso bem-estar emocional:

- Você se exercita todos os dias? (Produz serotonina)
- Você tem compartilhado as dificuldades que enfrenta com amigos e familiares? (Cura as vias neurais)
- Quanto álcool você consome? (Afeta o efeito da dopamina)
- Você está se alimentando de maneira equilibrada? (Afeta todas as funções fisiológicas do corpo e, portanto, as emoções)
- Você costuma conversar com Jesus? (Sim, ela pergunta isso aos pacientes que são fiéis, porque sabe que uma conexão com Jesus cura tudo.)

Se a maioria desses aspectos já está em ordem e o paciente precisa de um medicamento, quem sabe para tratar um descompasso químico, certamente ela o prescreverá. Caso contrário, ela convida os pacientes a tentarem fazer alguns ajustes no estilo de vida com efeitos comprovados em nosso bem-estar emocional.

Assim, segue uma lista de coisas que de fato ajudam. Não é nada abrangente, mas, se você vem sofrendo para se manter conectado consigo mesmo e efetivamente perceber o que sente, ou se está preso em um estado emocional prejudicial à saúde, a decisão de fazer esses ajustes pode ser útil e inclusive mudar sua vida. Sei disso porque já passei pelo que você está passando.

DÊ UM TEMPO DAS TELAS

Quando vemos com algo pela primeira vez, as emoções são mais intensas. A primeira vez em que contemplamos o mar ou as montanhas, a primeira vez em que vemos um bebê nascer — são sentimentos arrebatadores. Porém, na décima segunda vez em que vemos o oceano, o impacto não é o mesmo. É assim que fomos criados.

Por isso, quando você ouviu seus pais brigarem pela primeira vez, talvez tivesse 6 anos e estivesse chorando no seu quarto. Anos mais tarde, no entanto, se eles continuassem brigando e você já tivesse presenciado dezenas de brigas, certamente não choraria mais. Você sabia que eles dariam um jeito. Ou pelo menos esperava que sim.

A novidade provoca uma reação emocional mais intensa.

É por isso que os simuladores de videogame são uma das maneiras pelas quais as pessoas treinam para uma competição. Você acha que estou brincando, mas é assim que eles treinam. Porque parte de nosso cérebro não consegue diferenciar entre algo virtual e algo real. Então, se você viu isso acontecer virtualmente, é como se tivesse acontecido com você. Parte do cérebro reconhece a diferença. Mas o treinamento só funcionaria se parte do cérebro *não* a reconhecesse. À medida que a novidade de assistir à morte e à guerra diminui, nossas respostas emocionais também diminuem.

Está me acompanhando? Isso significa que, numa era digital em que somos expostos diariamente à morte, ao sexo e às tragédias, temos reações emocionais limitadas e confusas. A novidade é irrelevante para essa geração. Já vimos tudo milhares de vezes, deixando nossas vidas emocionais desorientadas e traumatizadas. Sendo assim, caso você esteja se perguntando por que não é capaz de sentir o suficiente quando necessário, ou por que fica tão ansioso mesmo sabendo que a situação não está tão ruim assim, ou por que seu filho parece incapaz de passar um dia na escola, imagine como essa parte do seu cérebro ou do cérebro do seu filho já passou por todos os traumas vivenciados por meio de uma tela.

Na minha infância, antes do advento dos computadores, da internet e dos iPhones, meu único indício de sofrimento, sem considerar o convívio com amigos e familiares mais próximos, era uma vaga referência a crianças que estavam morrendo de fome na China porque eu não tinha comido tudo o que estava no meu prato.

Só nas últimas três semanas, enquanto escrevo este capítulo, vimos os rostos e descobrimos os nomes de três crianças de apenas 9 anos de idade que foram baleadas em uma escola primária. Assistimos a imagens de um tornado que devastou o centro dos Estados Unidos. E, se você tem filhos, provavelmente um deles matou algumas pessoas jogando *Mortal Kombat* ou, dependendo da idade, *LEGO Star Wars: The Video Game*.

Devido ao tempo que passamos em frente às telas, acabamos nos anestesiando diante da dor e, consequentemente, diante da vida. Estamos perdendo a capacidade de sentir tristeza e raiva, e também de sentir admiração e alegria. Já vimos de tudo e sentimos de tudo, e acabamos buscando a próxima dose de adrenalina em vez de uma conexão profunda com a tristeza e a alegria.

Por isso, precisamos limitar o uso de todas elas. Feeds de notícias, Instagram, Twitter, Threads e TikTok. Maratonar séries no Netflix e vídeos no YouTube. Em vez disso, tente ler um livro. Olhe para você! É isso que está escolhendo neste momento. Que bom!

SENTE-SE EM SILÊNCIO

Em uma observação correlata, qual foi a última vez que você ficou sentado sozinho, em silêncio, sem nada nas mãos ou nos ouvidos?

O matemático francês Blaise Pascal afirmou certa vez que "toda a infelicidade dos homens decorre de um único fato, o de que eles não conseguem ficar quietos em seus próprios aposentos".[2] Diante dessa afirmação, tenho vontade de responder: "Blaise, o senhor disse isso há quase 400 anos. Não faz *ideia* de como as coisas pioraram".

Parece que estamos sempre ocupados, fazendo várias coisas ao mesmo tempo, sobrecarregando nossas mentes com imagens e sons. A escritora e consultora Linda Stone cunhou a expressão "atenção parcial contínua", que descreve

> um tipo de comportamento sempre ativo, em qualquer lugar, a qualquer hora e em qualquer ambiente, criando uma sensação artificial de urgência. Estamos sempre em alerta máximo. Demandamos de nós mesmos múltiplas e complexas atividades cognitivas. Queremos manter o foco em uma prioridade máxima e, ao mesmo tempo, observar o que está acontecendo à nossa volta para ver se estamos perdendo alguma coisa. Quando isso acontece, nossa atenção muda de foco. O que está tocando? Quem é? Quantos e-mails chegaram? O que está na minha lista de tarefas? Que horas são em Bangalore?[3]

ALIMENTE-SE BEM E BEBA ÁGUA

Algumas dessas coisas são muito básicas. Mas você não imagina o quanto meu humor muda de acordo com o que como e escolho beber ou não beber. No ano passado, apenas mudando a alimentação e a quantidade de água que bebo, percebi uma melhora em minha saúde mental e emocional.

Queremos que as pequenas decisões que tomamos não nos afetem tanto. Contudo, somos criaturas mentais, físicas e espirituais, e cada uma dessas partes influencia as outras!

De acordo com um editor da *Harvard Health*: "O funcionamento interno de seu sistema digestório faz com que você não só consiga digerir os alimentos, mas também controlar suas emoções".[4] Na verdade, é possível afirmar que o equilíbrio entre as bactérias boas e ruins do intestino tem um efeito direto sobre a serotonina que o corpo produz para ajudar a regular o humor. Portanto, as guloseimas açucaradas e os alimentos processados que consumimos a fim de ajudar a lidar com o estresse podem estar nos deixando mais mal-humorados!

Ufa.

Deprimente, não é?

Mas não precisa ser assim. Sei que não é fácil abrir mão dos alimentos que amamos, mas, a menos que eles nos amem de volta, não serão benéficos para nossa saúde ao longo do tempo.

Uma das coisas que descobri ao longo dessa jornada é que muitas pessoas não estão deprimidas ou ansiosas, mas simplesmente desidratadas. Essa é fácil: todos devemos beber, diariamente, água na proporção de nosso peso corporal; mais especificamente, 35ml de água multiplicado pelo peso em quilogramas.[5] Por exemplo, se você pesa 70kg, precisa beber aproximadamente 2,5 litros de água por dia. Fácil, não é?

MEXA-SE E SAIA DE CASA

O exercício físico não prejudica nossa saúde e ainda proporciona uma grande melhora nesse aspecto. Significativamente. Contudo, mesmo antes da pandemia e da mudança para o trabalho remoto, que, embora tenha aliviado o estresse em parte, fez com que passássemos mais tempo sentados em frente a uma tela, a média dos adultos norte-americanos passava mais de seis horas por dia sentada.[6]

Sinceramente, acho que dificultamos a prática de exercícios mais do que o necessário. Caso sua dúvida seja "Que tipo de exercício devo fazer?", a resposta é a seguinte: "O tipo que você realmente vai fazer".

Certamente você já ouviu falar que o aumento de serotonina proporcionado pelo exercício é semelhante ao de um medicamento. Toda vez que perceber que está ficando emocionalmente confuso, saia para caminhar. Tome uma iniciativa que coloque sua mente novamente no lugar. Mergulhe na água fria. Corra um pouco. Elabore um plano de atividades físicas. Independentemente do que você fizer, procure sair de casa, se possível.

Há tanta informação escrita sobre nossa condição atual que a expressão "*transtorno de déficit de natureza*" foi cunhada para descrever o impacto da falta de contato com o mundo exterior. Observo isso até mesmo em minha própria vida. Há muitos dias em que saio de dentro de casa para dentro do carro, depois para dentro do escritório, para uma cafeteria ou restaurante, para o supermercado e finalmente de volta para dentro de casa; e muito provavelmente você poderia dizer o mesmo sobre *sua* vida diária habitual.

Essa dinâmica é real.

Zac e eu costumamos caminhar à noite e, há pouco tempo, ele leu um artigo que nos deixou maravilhados. O artigo dizia que uma "dose" equivalente a apenas vinte minutos por dia, cinco dias por semana, de atividade física de intensidade moderada (uma caminhada rápida, por exemplo) reduz o risco de sintomas depressivos e as chances de depressão severa. Afinal, nosso corpo foi criado por Deus para se movimentar![7]

TIRE UM COCHILO

Você já assistiu a um vídeo que mostra duas irmãs pequenas? Uma delas está completamente pirada, enquanto a outra olha para ela e diz: "Você tirou seu cochilo hoje?" A primeira criança, aos berros, responde: "Nããããããããão". Quando crescemos, não fica muito diferente disso.

Desvendar emoções consome energia. Você se lembra do cochilo de cinco horas do Charlie no meio do dia? Permita-se ter um momento de descanso ao iniciar essa jornada. Se estiver cansado, vá *se deitar.*

Boa parte dos problemas que enfrentamos pode ser resolvida se fizermos escolhas melhores para alinhar nossas vidas aos limites que Deus nos conferiu e adotarmos hábitos saudáveis. Algumas vezes, no entanto, fazemos tudo isso e, ainda assim, caímos em um buraco do qual não conseguimos sair.

PAGUE A UM AMIGO

Além de todas as escolhas que podemos fazer para cuidar melhor da nossa saúde física, estou convencida de que a grande maioria das pessoas precisa de uma coisa à qual, por algum motivo, acaba resistindo: *um terapeuta.*

Ontem, meu filho mais velho, Conner, estava no quintal fazendo a maior bagunça com sua caminhonete. Havia uma substância parecida com piche por toda parte, inclusive nele, e a caminhonete estava erguida.

Quando perguntei o que ele estava fazendo, ele disse: "Estou trocando os freios".

Hummmmmm...

Quando manifestei minha preocupação, ele respondeu: "Mãe, eu conserto carros o tempo todo".

De fato, ele já havia trocado pneus e faróis, mas freios? Para mim, isso parecia um salto gigantesco, como passar de nadar na piscina infantil para tentar nadar no mar.

Algumas horas depois, ouvi um estrondo, seguido pelo grito do meu marido.

Pois é, trocar os freios não era tão simples assim.

Os vizinhos estão construindo uma cerca nova, e o custo do serviço de reparo de US$800 que meu filho pretendia economizar acabou custando cerca de US$5 mil para reparar os danos à caminhonete e à cerca, e para instalar freios novos.

É o que fazemos com nossas vidas emocionais.

Achamos que estamos bem.

Achamos que não precisamos de ajuda.

Achamos que seremos capazes de resolver tudo sozinhos.

Quando há trauma e décadas de mágoas acumuladas, a situação é muito mais complexa do que uma simples troca de pneus. É necessário um profissional. E tudo bem. **Sua situação não é tão grave assim; você tem força e inteligência suficiente para pedir ajuda.**

E fazer isso é mais importante do que você imagina.

Ainda tenho medo de ser abandonada. Meu peito fica apertado sempre que comparecemos a uma consulta para cuidar da saúde de Zac. Hoje consigo nomear meus medos e compartilhá-los com ele e com outras pessoas, o que me tranquiliza. Mas não sei se eu conseguiria perceber isso sozinha. Desde os meus 7 anos de idade, quando eu tinha medo da morte e de alguém me ver chorando, passando pelos primeiros anos do meu casamento, quando brigávamos constantemente e eu não conseguia respirar porque meu parceiro tinha se tornado meu inimigo e eu me sentia completamente sozinha, até a internação de Zac no hospital, o nascimento de nossos filhos e muitos outros momentos — alguns muito delicados para serem compartilhados aqui —, não acredito que eu conseguiria desatar esses nós sozinha. Precisei de um profissional que me ajudasse a desatar os nós de décadas de emoções emaranhadas.

O tratamento psicológico não é milagroso; nós apenas temos muitas cordas emaranhadas. Muitos nós. O resultado da terapia por um longo período, dependendo do grau de complexidade de sua situação, é ajudá-lo a soltar um pequeno nó e perceber que, caramba, as coisas estavam mais complicadas do que você imaginava. Por cerca de seis a oito semanas, você se sente frustrado com a terapia. Não tem certeza se deve continuar. Mas, então, magicamente, um nó é desfeito. Algo que o assombrou por mais de uma década passa a fazer sentido e não mais atormentá-lo, mas incentivá-lo e a defini-lo da melhor maneira possível. Pelo menos foi assim que sempre aconteceu comigo. Detestei a terapia até começar a amá-la.

Agora, praticamente todos temos cordas que, mesmo quando são desemaranhadas, preferiríamos esquecer. Queríamos que não estivessem lá. No entanto, quando os fios estão soltos, é possível utilizá-los. Aquela confusão de fios emaranhados, que antes era apenas um monte de luzinhas de Natal jogadas em um canto da casa, se transforma em algo bonito, brilhante, funcional, trazendo a promessa de conexão entre nós e Deus e entre nós e as pessoas com quem queremos ter um bom relacionamento.

Escuto pessoas sensatas afirmarem: "Veja as pessoas que sobreviveram à Segunda Guerra Mundial. Elas estão bem. Não se queixam. Só precisamos superar isso, nos recompor e seguir em frente".

Muitas pessoas que vivem dessa forma são emocionalmente reprimidas! Tecnicamente, sim, é possível superar todo tipo de dificuldade, até mesmo uma guerra. Entretanto, caso você não tenha notado, vivemos uma verdadeira crise de saúde mental em muitos países, e a situação está ficando cada vez mais grave. Em termos espirituais, afetivos e mentais, *ainda* estamos arcando com os prejuízos de traumas não resolvidos pelas pessoas ao nosso redor que se fecharam emocionalmente e exigiram isso do resto de nós.

Desejo algo melhor para nós e para nossos filhos.

Que possamos ser emocionalmente saudáveis, livres e que estejamos profundamente conectados a Jesus e uns aos outros.

A essa altura, você já sabe que sou fã de terapia. Também sei que muitas pessoas não podem pagar por isso. No melhor dos casos, na forma mais ideal e realista, a terapia é feita regularmente enquanto convivemos com as pessoas que amamos.

Gostaria de propor uma pequena atividade que o ajudará a experimentar um pouco de terapia de cura em jantares e reuniões em pequenos grupos.

Encaminhe esta mensagem para as pessoas do seu círculo e peça que compartilhem suas respostas na próxima vez que estiverem juntos.

A emoção mais forte que senti esta semana foi ______________________.

O motivo pelo qual me senti ______________ foi ______________. Esse sentimento me faz sentir ____________, então eu queria ____________ esse sentimento.

Eu me recordo da primeira vez em que me senti ______________, quando tinha ______________ anos de idade. Quando penso em mim mesmo naquela época, isso faz com que eu me sinta ______________.

Gostaria de poder dizer a mim mesmo naquela época ______________
____.

NÃO É FÁCIL, MAS VALE A PENA

Antes de encerrarmos este capítulo, quero ser direta com você. Embora eu tenha dado as melhores dicas e você tenha se esforçado ao máximo, provavelmente você terá que lidar com emoções confusas todos os dias pelo resto da sua vida.

Não desejo isso para você. Também não desejo isso para mim.

Francamente, não *espero* que isso aconteça com nenhum de nós.

Mas é possível, e por isso quero lhe dizer abertamente.

Muitas pessoas já passaram por tanta dificuldade que, quando começam este processo, não conseguem chegar a uma conclusão sobre sua cura. Talvez a pilha de coisas por trás de sua sobrecarga emocional pareça impossível de ser removida, mesmo se tivesse dezesseis vidas.

Ainda assim, uma coisa é certa: **podemos ser mais saudáveis do que somos atualmente.** Graças a Deus, podemos passar por uma transformação; ajudar as versões anteriores de nós mesmos a amadurecer um pouco e aprender a coexistir em um novo ambiente. Podemos progredir e ganhar habilidades. Podemos encontrar paz onde antes reinava o caos.

Entretanto, para ser franca, posso afirmar que essa mudança maravilhosa tem um custo. Me emociona ver amigos e familiares seguirem o árduo caminho da cura emocional, e me espanta observar o que esse processo exige.

Vi amigos e familiares *mudarem drasticamente seus hábitos ou estilos de vida*. Eles pararam de beber e de consumir açúcar. Começaram a fazer ioga pela primeira vez na vida.

Vi amigos e familiares *excluírem suas contas de redes sociais*. Excluírem de vez, permanentemente, e não durante a Quaresma.

Vi amigos e familiares mais interessados em uma abordagem mais natural para o bem-estar *começarem a tomar medicamentos com muita satisfação*. Zac faz parte desse grupo. Ele não quer tomar medicamentos psicoativos para sempre, isso eu lhe garanto. Mas reconhece sua validade por enquanto.

Já vi amigos e familiares *optarem por buscar um novo grupo de amigos*. Eles queriam ter amigos que os apoiassem em seu progresso, em vez daqueles que os mantinham presos a um estado de saúde precário, e eles conseguiram — ainda bem. Quanta coragem e determinação!

Já vi amigos e familiares *largarem seus empregos*. A saúde mental e emocional deles valia mais do que um bom salário.

Vi amigos e familiares *se mudarem de casa, de cidade, de estado*. Nenhuma mudança está fora dos limites quando o que está em jogo é sua sanidade!

Não sei o que sua cura emocional exigirá de você, mas, com certeza, algo será exigido. Será que você vai entrar nessa conversa com coragem?

Espero que sim.

Espero que faça isso sempre.

E espero que eu faça o mesmo.

14

LIVRE PARA SENTIR

Ontem de manhã, sentada na minha cafeteria favorita para escrever a parte final deste livro, passei duas horas olhando para a página em branco. É raro eu ficar sem palavras. Nunca tive bloqueio de escritor em todos esses anos de carreira e projetos que realizei. Porém, por estar sendo mais pressionada com relação a prazos, comecei a sentir um aperto no peito. Meu coração acelerou, e eu não conseguia mais ficar sentada quieta. Esforcei-me ao máximo, mas, no fim, tendo escrito apenas uma frase, me levantei, paguei o café e fui embora.

Entrei no carro e dirigi sem rumo. Eu simplesmente não conseguia pensar no que fazer ou para onde ir. Acabei parando na entrada da minha garagem e fiquei ali dentro do carro, tomada por um medo que beirava o pânico.

Para ser sincera, não era só o prazo final do livro que estava fazendo eu me sentir tão pressionada. Meu filho tendo problemas na escola, meu marido longe de casa por causa do trabalho e o filho da minha irmã hospitalizado outra vez. Enfim, a lista de problemas era enorme.

Sabe aquela sensação de que tudo está fora de controle? Pois é. É isso mesmo. É irônico que eu não consiga terminar de escrever um livro sobre emoções por causa das minhas próprias emoções devastadoras.

A pressão e os sentimentos de náuseas não desapareceram, mesmo quando, pouco depois, fui buscar meu filho na escola e me preparei para receber um pequeno grupo de amigos em casa naquela noite. Eu não queria que eles viessem; só queria vestir meu roupão, ir para a cama cedo e assistir a qualquer programa entediante.

Mas eles vieram. Cercada por algumas das pessoas mais confiáveis que conheço, homens e mulheres com os quais convivi por anos, participei da conversa, respondendo às perguntas feitas naquela noite:

Como o ano que passou transformou você?

De que forma você espera que Deus se manifeste para você nos próximos três meses?

Logo no início deste livro, mencionei que sou uma pessoa diferente de quando comecei essa jornada. Aprendi que as emoções não são inimigas. Elas são dádivas. Elas foram criadas para nos aproximar de Deus e uns dos outros. Por isso, em vez de responder de maneira vaga e simples o que eu precisava que Deus fizesse por mim, acabei desabando diante das pessoas que me amam.

Eu lhes contei sobre toda a pressão que estou sentindo.

A ansiedade que me levou a passar grande parte do dia no carro, sozinha, sem saber o que fazer...

O medo de que essas palavras nunca sejam suficientes para ajudar as pessoas...

O imenso desejo de ser melhor do que sou nesta tarefa incrível para a qual Deus me convocou...

Cheguei a compartilhar a parte constrangedora de que tenho sentido inveja de outras pessoas que parecem ser muito melhores do que eu nas tarefas para as quais fui designada.

Eu disse tudo isso enquanto olhava para o chão sem jeito, com lágrimas escorrendo pelo rosto e molhando o assoalho, o tempo todo pensando se estava sendo sentimental demais para os homens ali presentes.

Mas adivinhe só?

Eles me abraçaram, me ouviram e compartilharam suas próprias experiências. Todos, mulheres e homens. Cada um abriu o coração sobre seus sentimentos e desafios.

Foi muito bonito, simples, genuíno, constrangedor e repleto de esperança.

No final, Ashley, minha cunhada e melhor amiga, inclinou-se e disse: "Estou me sentindo melhor. Você também?"

Eu estava. Realmente estava.

E esta manhã, o bloqueio de escritor desapareceu. Tive uma visualização do que você deseja. Do que todos desejamos.

Consigo ver você livre. Livre para sentir, para compartilhar esses sentimentos e para ir ao encontro do Senhor com tudo isso. Passando de um estado de cordas emaranhadas para uma vida de aventuras como a que Deus reservou para você, cheia de alegria, medo, raiva, tristeza — tudo isso junto!

Isso me faz lembrar da época em que Zac achou que seria uma boa ideia nos prender em arneses para descer uma tirolesa absurdamente longa.

Assim que coloquei meu capacete e subi na enorme plataforma de aço, olhei para Zac, que orientava nossos filhos. Eu estava me inspirando na confiança dele ao me orientar. Isso é totalmente seguro, não é? Não tem por que eu ter medo, não é?

Alguns instantes depois, observei meu marido, meu filho mais velho e cada uma das outras crianças pularem da plataforma e sobrevoarem as copas das árvores, desaparecendo do meu campo de visão como se não fosse nada demais. Depois foi a minha vez. Ao me afastar do ponto seguro e sentir a força da gravidade girar a roldana sobre o cabo, soltei uma gargalhada alta involuntária.

Deslizei por aquele cabo de um quilômetro de comprimento a uma velocidade superior a 50 km/h por alguns minutos, mas a percepção que tive enquanto estava lá em cima nunca saiu da minha cabeça: voar é muito mais divertido do que se manter imóvel. Isso se aplica tanto à tirolesa quanto à vida cotidiana.

Viver lidando com sentimentos totalmente confusos é como descer em uma tirolesa cujo cabo está cheio de nós. É claro que você conseguiria descer empurrando e sacudindo o corpo até a plataforma no final do percurso e dizer que, tecnicamente, curtiu o passeio. Mas será que não estaria perdendo a essência da experiência? Será que não acharia um desperdício de dinheiro? **Do mesmo modo, levar a vida bloqueada emocionalmente não é viver de verdade.** Nos últimos dois ou três anos, aprendi que você e eu não fomos feitos para cambalear ao longo de nossa experiência na Terra, mas para voar. É sério. Não porque a vida seja sempre fácil. Ela não é. Mas porque, apesar dos desafios, é sempre possível seguir em frente, continuar evoluindo e se surpreender com a jornada.

COMO SE LIBERTAR

Ao longo do tempo em que trabalhei neste livro, Zac superou a depressão e hoje está em uma situação completamente diferente.

Ele passou por mais momentos difíceis e conseguiu superar. Eu o observei vivenciando este livro enquanto o escrevia. Ele chorava quando precisava chorar, compartilhava tudo com as pessoas mais próximas e não tinha medo de encarar a tristeza e de senti-la.

Fazemos caminhadas noturnas com frequência.

Nessas caminhadas, por meses, Zac permaneceu calado. Em algumas noites, ele me contava todas as injustiças que o deixavam furioso; em outras, estava preocupado com nosso futuro e, às vezes, triste por ter nos desapontado de alguma forma.

À medida que eu escrevia este livro, as caminhadas foram ficando mais alegres. As circunstâncias não mudaram, mas ele ficou mais leve, otimista e relaxado do que antes. Chegou até a rir algumas noites.

Descobri que preciso fazer essas caminhadas com ele, não importa o que aconteça. Nos melhores e nos piores momentos da vida. Juntos, conseguimos aproveitar isso de maneira completa e sincera.

As circunstâncias mudaram, mas não antes dele.

A empresa de Zac se recuperou da falência e voltou a funcionar. Hoje, Kate e Charlie estão morando perto de nós. Esta semana, surgiu a possibilidade de uma mudança, e, mesmo assim, meu coração não parou e meu peito não ficou apertado. Foi uma conversa divertida, que me fez sonhar com o que pode acontecer no futuro. Parece que as circunstâncias de nossa vida estão mais tranquilas, mas aprendi a apreciar tudo ao mesmo tempo — das lágrimas derramadas com meu filho no ensino fundamental à alegria de um casamento e ao início de uma nova família. Aprendi que tudo é extremamente valioso e bom, e não quero perder nada disso.

Todos os sentimentos com todos nós.

Zac me disse que nunca se sentiu sozinho, mesmo quando seu estado depressivo era mais grave. Isso se deve ao fato de que as pessoas que já passaram por essa situação o acompanharam e se recusaram a deixá-lo sucumbir. O simples fato de estarem presentes lhe dizia, dia após dia, que, apesar de se sentir péssimo, de parecer irreconhecível para si mesmo, com o tempo as coisas melhorariam. Ele conseguiria sair dessa.

A propósito, essa é uma parte do motivo pelo qual eu estava determinada a escrever este livro: para que você ou qualquer outra pessoa que esteja passando por problemas emocionais tenha motivação para seguir em frente. Mesmo a pessoa que está mais paralisada tem condições de se libertar. Zac e eu somos a prova viva disso. Meu objetivo é que você, se algum dia se sentir estagnado, acredite nisso também.

AS DÁDIVAS DA SAÚDE EMOCIONAL

Eugene Peterson escreveu de forma belíssima que "o objetivo da pessoa de fé é... viver da maneira mais profunda e completa possível — enfrentar a realidade da vida, descobrir a verdade, cultivar a beleza, agir com amor".[1]

Sim, isso é viver. Essa é a obra da redenção de Deus por meio de nós na Terra. É sentir tudo e observar, nomear e divulgar a esperança de Deus para um mundo miserável.

Eu queria intitular este livro como *A Terapia de Dez Mil Dólares* — porque fiz o possível para realizar algo impossível: ajudá-lo a se sentir visto, a navegar no vasto oceano turbulento de suas emoções, a se reconectar com as pessoas e com Deus enquanto faz isso. São metas ambiciosas e um assunto muito desafiador. Espero ter lhe proporcionado pelo menos uma pequena dose de estímulo em sua jornada.

À medida que chegamos ao final desta jornada, tenho plena consciência de que estas palavras têm um limite. Não posso ajudá-lo a viver de maneira totalmente equilibrada, emocionalmente saudável e livre. Mas Deus pode e o fará com o tempo. Ele está resolvendo tudo para as pessoas que O seguem. Porém, neste momento, gostaria de lhe oferecer a oportunidade de observar algumas dádivas conforme sua vida se desenvolve em termos de saúde emocional.

DÁDIVA Nº 1: TEMOS ESPERANÇA OUTRA VEZ

Algumas noites atrás, Emily, uma de minhas melhores amigas, e eu estávamos jantando. Ela se sentou e, sem falar muito, foi direto ao assunto. "Acho que estou deprimida." Emily está fazendo terapia há muito tempo, lidando há décadas com problemas sérios, procurando esclarecer tudo. Ela disse: "Parece que, em vez de melhorarem, as coisas estão piorando — por enquanto".

Por enquanto. Ela ainda tinha esperança de que haveria uma melhora. Mas hoje, no exato instante em que escrevo este capítulo, ela está no consultório do terapeuta para sua próxima sessão porque, por mais desesperadora que seja a situação, ela escolheu acreditar em Deus o suficiente para comparecer e dar a Ele a oportunidade de agir.

Para ter resiliência e perseverança é preciso ter esperança. Sem esperança, todos ficaríamos deitados em nossas camas para sempre. Achamos que as coisas podem ser melhores do que são, mesmo que só um pouquinho.

O objetivo do Inimigo é deixá-lo desesperançoso.

Perder a esperança na cura do distúrbio alimentar de sua filha.

Perder a esperança com relação ao seu casamento.

Perder a esperança de que sua depressão ou ansiedade vai melhorar.

Perder a esperança de que as pessoas com quem você convive serão sempre confiáveis, para que você pare de compartilhar tudo com elas.

Perder a esperança em Deus, que poderia fazer com que todos os erros de sua vida fizessem sentido.

Perder a esperança na possibilidade de cura.

Esse é seu grande esquema e sua estratégia, e ele usará qualquer truque para roubar a sua esperança.

Quer saber o que me deixa mais triste? É pensar que você possa se sentir indefeso. Desesperançoso. Mas, se você conhece Jesus, está pleno do Espírito Santo, o maior auxiliar sobrenatural de todos os tempos. Ele é melhor do que qualquer super-herói, possui todo o conhecimento e poder, e está com você em Jesus Cristo. **E você nunca estará desamparado.** Quando o convido a experimentar seus sentimentos, lembre-se de que eles não têm autoridade sobre você; é você que tem autoridade sobre eles, graças a Jesus Cristo.

Enfrentamos todo tipo de problema no mundo. Isso é um fato. E Jesus venceu este mundo. Isso também é um fato.

DÁDIVA Nº 2: AUMENTAMOS NOSSA GRATIDÃO EM RELAÇÃO A NÓS MESMOS E AOS OUTROS

Durante a faculdade, fui profundamente influenciada pelo falecido teólogo Brennan Manning. Sua obra mais célebre é *O Evangelho Maltrapilho*, mas vale a pena ler todos os seus livros. Ele é muito bom. No entanto, apesar de toda a sua proeza na escrita e do impacto causado no mundo — estou falando de milhares de livros vendidos — Brennan lutou contra a dependência química até o dia de sua morte.

Muitas pessoas questionavam como ele podia amar Jesus e, ao mesmo tempo, continuar bebendo. Como era possível ser tão fiel a Jesus e ao mesmo tempo continuar dependente do álcool? As duas coisas não eram mutuamente excludentes? Ele não deveria escolher entre uma ou outra?

Aposto que ele gostaria de poder escolher.

Em resposta a essas perguntas, suposições e alegações, Brennan sempre repetia uma frase. Não era dita com orgulho, sarcasmo ou grosseria, mas com humildade. "Essas coisas acontecem", ele dizia.

E de fato, essas coisas acontecem.

A vida é complexa e confusa. É marcada por confusões, curiosidades e sofrimentos. Muitas vezes, nos identificamos mais com o lamento do apóstolo Paulo, que fez o que não queria e não fez o que desejava, do que com o chamado de Jesus à santidade perfeita.[2] Às vezes, isso é suficiente para nos fazer desistir. Desapegar. Perder a esperança.

Para mim, a resposta de Brennan significa que, se tivermos que escolher entre a total falta de esperança e a aceitação de que as coisas na Terra não são exatamente como gostaríamos, eu também escolheria a aceitação. "Essas coisas acontecem" também seria a opção que *eu* escolheria.

De modo semelhante, "Essas coisas acontecem" é uma tentativa de reconhecer que, embora essa encantadora loucura que chamamos de vida seja absolutamente imperfeita, ainda queremos vivê-la. Continuamos tentando voar.

Ao descrever minha jornada em busca do bem-estar emocional, *imperfeita* seria o termo mais adequado.

Há aproximadamente um ano, eu me encontrei com um grupo grande de amigas e ouvi uma delas dizer algo negativo que parecia ser a meu respeito. Fiquei surpresa e, sem que ela soubesse que eu tinha ouvido, saí discretamente, fui para casa e me recolhi em meu quarto.

Fiquei arrasada. Como ela pôde fazer isso comigo?

Toda essa experiência foi muito dolorosa, e eu não sabia o que fazer. Mas não havia alternativa: eu e ela somos muito próximas e estamos comprometidas a viver em comunidade.

Após alguns dias, quando minha crise emocional se abrandou, liguei para ela. Quando ela atendeu, eu disse: "Oi". E, então, com toda a calma que consegui reunir, disse que tinha ouvido o que ela havia dito sobre mim na festa. E que me senti muito incompreendida. Que achava que nossa amizade fosse verdadeira. E que eu confiava nela antes, mas que agora não tinha mais tanta certeza.

Ela ficou em silêncio por um instante e, em seguida, disse: "Sinto muito, Jennie. Você tem razão".

Em um tom calmo e carinhoso, ela me contou sobre uma situação específica de sua vida que eu não conhecia. Em meio a um turbilhão de pensamentos e emoções, desliguei o telefone pensando: *Entendo por que ela disse o que disse, e ficaremos bem.*

Não há dúvida de que houve algumas situações constrangedoras após o ocorrido. Ela se sentiu mal. Eu me senti criticada. Levou um tempo para nos sentirmos confortáveis uma com a outra novamente. Mas superamos e, na verdade, nossa amizade foi fortalecida, porque essas coisas acontecem. Elas simplesmente acontecem.

O que quero ressaltar é: você vai passar por situações embaraçosas durante sua jornada, mas essas coisas melhoram com o tempo.

Quero incentivá-lo a reconhecer seus verdadeiros sentimentos e a compartilhá-los com outras pessoas, pois as esquisitices que você encontrará serão ilimitadas. Alguém falará demais. Alguém entenderá errado. Alguém se ofenderá. Alguém compartilhará demais. Alguém espalhará uma informação sigilosa. E assim por diante. Entretanto, se sua experiência for parecida com a minha, com o tempo, essas coisas estranhas começarão a se normalizar. Tudo vai melhorando à medida que você avança.

Enquanto a dinâmica não se estabiliza, procuro manter duas coisas em mente: em primeiro lugar, não preciso que as pessoas com quem estou compartilhando sejam absolutamente perfeitas. Já imaginou se meu padrão fosse esse? Eu reprovaria em meu próprio teste absurdo!

Somos pessoas imperfeitas vivendo em um mundo imperfeito. Todos nós. Esperar que pessoas imperfeitas sejam, de alguma forma, perfeitas é um problema meu, não delas.

Então, essa é a primeira coisa. A segunda é: eu também cometo erros com muita frequência.

Sou suscetível a falar e fazer a coisa errada. Posso interpretar mal e cometer erros. Posso me ofender facilmente. Posso exagerar na hora de compartilhar coisas. E, por ser capaz de interpretar as coisas de maneira tão errada, consigo perdoar os outros rapidamente quando cometem o mesmo erro.

Esse tipo de coisa é constrangedor! Mas quer saber? Também vale a pena. Nascemos para viver em comunidade. Somos confusos e imperfeitos, e temos o direito de ser assim. Pela graça de Deus sobre nós.

DÁDIVA Nº 3: RECEBEMOS DEUS

À medida que sua saúde emocional melhorar, e aparentemente sem *querer*, você começará a entregar seus sentimentos a Jesus antes de tentar interpretá-los por conta própria. O fato é que, se não entregarmos nossas emoções a Deus, elas provavelmente acabarão nos dominando. Mas não precisam.

Postei uma pesquisa no Instagram perguntando às pessoas como se sentiam em relação aos próprios sentimentos e o que as impedia de alcançar o bem-estar emocional. Um dos principais tópicos que surgiram foi se as emoções são, de alguma forma, algo errado ou um pecado.

- Tem certeza de que não tem problema em sentir minhas emoções? Será que isso não faz de mim um cristão irresponsável ou alguém sem fé genuína em Deus?
- Como posso ignorar que alguns sentimentos são negativos/infames/maléficos? Essa foi a mensagem que recebi na igreja.
- Qual é a diferença entre sentir raiva e cometer pecado por causa dela? Ou experimentar qualquer emoção e cometer pecado por causa dela?

Fazemos essas perguntas — e outras semelhantes — somente se, de alguma forma, deixarmos de acreditar que Deus nos transformou nas pessoas que somos hoje, isto é, seres com uma grande variedade de emoções. Não é irresponsável sentir plenamente todas as emoções, se elas tiverem sido confiadas a Deus. Não há absolutamente nada como uma emoção negativa, desde que sejamos cuidadosos em submetê-las a Deus. De forma alguma precisamos temer agir de maneira inadequada se, tão logo experimentarmos a emoção, recorrermos a Deus e dissermos: "Por favor, me ajude".

É muito melhor considerar as emoções como as dádivas que são, em vez de abafá-las para que não nos levem a pecar. Nossas emoções não nos definem. Elas não duram para sempre. **Deus quer usá-las para nos ajudar a viver ainda melhor essa coisa chamada vida.**

Você deve se lembrar de que, na primeira vez em que participei de uma reunião com meu grupo de amigas e o Dr. C., falei sobre a frustração e a raiva que pareciam estar me consumindo e que eram resultado do sentimento de ter sido abandonada por Deus. Eu me senti enganada e abandonada por Ele, e isso me machucou profundamente, de uma forma que não consigo nem descrever. No entanto, assim como os discípulos que estavam no barco com Jesus durante a tempestade, as tempestades que enfrentamos com Deus nos conduzem a ter mais intimidade com Ele.

Deus não me deixou à deriva. Deus não me abandonou.

Deus permitiu que as ondas aumentassem e os ventos soprassem para que eu buscasse refúgio n'Ele.

O que Deus busca em nossas vidas é conexão.

É proximidade.

É intimidade.

É paz.

Ele quer estar com você.

Ele quer estar comigo.

Ele quer que busquemos alívio n'Ele.

Estamos bem, os discípulos enfim perceberam, após terem transmitido seus temores a Jesus.

Estamos bem. E tudo ficará bem.

E nós também podemos chegar a essa conclusão. Deus não nos pede para pararmos de sentir medo, preocupação, frustração, raiva ou tristeza; Ele apenas nos pede para ficarmos ao Seu lado:

> Aquele que habita no abrigo do Altíssimo e descansa à sombra do
> Todo-poderoso.
> Pode dizer ao Senhor: "Tu és o meu refúgio e a minha fortaleza, o
> meu Deus, em quem confio".
> Ele o livrará do laço
> do caçador e do
> veneno mortal.

> Ele o cobrirá com as suas penas,
> e sob as suas asas você encontrará refúgio;
> a fidelidade dele será o seu escudo protetor.[3]

Estamos sob Suas asas, protegidos, sãos e salvos. E, nesse lugar de refúgio, podemos sentir tudo o que precisamos sentir.

DÁDIVA Nº 4: CONTROLAMOS O QUE CONSEGUIMOS E PARAMOS DE TENTAR CONTROLAR O QUE NÃO CONSEGUIMOS

Hoje, quando relembro o impacto e o conteúdo do meu livro *Liberte-se da Sua Mente,* fico impressionada com a importância das palavras contidas nele para os primeiros insights.

É verdade que temos o controle sobre nossos pensamentos, mas a vida não é tão linear e simples. Mesmo antes de ter um pensamento, você tem um sentimento, uma percepção abstrata de que algo está errado ou certo, e esse sentimento não pode simplesmente ser ignorado ou afastado por meio de orações. Ele precisa ser enfrentado, observado e suavizado para que você se sinta bem. E, quando isso acontece, nós nos curamos e mudamos nossos pensamentos.

Temos controle e autorização concedida por Deus sobre nossa mente — isso é verdade! Se você ainda não leu *Liberte-se da Sua Mente*, espero que o faça. Eu queria que esses dois livros fossem o complemento um do outro. Ambos são verdadeiros e, ao mesmo tempo, diferentes, pois somos criaturas complexas criadas por um Deus que é impossível tirar da cabeça.

Acabei de ouvir um amigo mencionar a Oração da Serenidade, proferida no início de todas as reuniões dos Alcoólicos Anônimos. Acho que ela se aplica perfeitamente a esse caso:

> Concedei-nos, Senhor, a Serenidade necessária para aceitar as coisas que não podemos modificar,
> A Coragem para modificar aquelas que podemos,
> E Sabedoria para distinguir umas das outras.[4]

Podemos controlar parte da vida, mas não podemos controlar grande parte dela.

Há pensamentos passíveis de serem interrompidos e sentimentos que não vão embora, não importa o que façamos. E Deus deseja estar presente conosco durante todo esse processo. Ele está no barco que navega pelo oceano, atravessando tudo isso.

DÁDIVA Nº 5: COMEÇAMOS A CRIAR NOVAMENTE

Em Eclesiastes, o rei Salomão, considerado o homem mais sábio que já existiu, escreveu o seguinte:

> Para tudo há uma ocasião, e um tempo para cada propósito debaixo do céu:
>
> tempo de nascer e tempo de morrer;
> tempo de plantar e tempo de arrancar o que se plantou;
> tempo de matar e tempo de curar;
> tempo de derrubar e tempo de construir;
> tempo de chorar e tempo de rir;
> tempo de prantear e tempo de dançar;
> tempo de espalhar pedras e tempo de ajuntá-las;
> tempo de abraçar e tempo de se conter;
> tempo de procurar e tempo de desistir;
> tempo de guardar e tempo de lançar fora;
> tempo de rasgar e tempo de costurar;
> tempo de calar e tempo de falar;
> tempo de amar e tempo de odiar;
> tempo de lutar e tempo de viver em paz.[5]

Essa passagem nos diz que deve haver um certo equilíbrio na vida. Espera-se que tenhamos altos e baixos. Nossa existência deve ter fases. A intenção não é que as coisas permaneçam iguais. A vida sucede a morte, e a morte sucede a vida. É preciso arrancar as raízes para equilibrar o plantio. Estamos tristes, mas voltaremos a nos alegrar.

Meu terapeuta, o Dr. C. (mais conhecido como Dr. Curt Thompson), tem uma teoria que eu adoro. Segundo ele, uma das formas de saber se estamos começando a progredir em nossa cura emocional é quando voltamos a *criar*.[6] Quando estamos presos em um ciclo de julgamento e resistência às próprias emoções — tentando controlá-las, recorrendo a mecanismos de confronto ou camuflando-as para tentar sobreviver — nossa energia é gasta nesse processo e não nos sobra nada para *viver, criar*.

A partir do momento em que aprendemos a perceber nossos sentimentos e a não os evitar ou julgar, conseguimos liberar toda a energia que estávamos gastando em *não os sentir* durante todos esses anos. Com isso, passamos a viver de acordo com o que foi planejado, com altos e baixos, alegria, tristeza, luto, dança, amor e, às vezes, perda. Passamos a enxergar todos os tons de céu que existem, em vez de apenas o cinza. Além disso, toda a energia que estávamos desperdiçando finalmente estará disponível para contribuirmos com algo belo para o mundo.

No último verão, Deus me deu uma missão que parecia grande demais para mim. Era a ideia de organizar um encontro para a Sua glória, com a participação de pessoas do mundo inteiro. É interessante notar que, se essa missão tivesse surgido dois anos antes, considerando minha condição emocional debilitada, eu provavelmente não teria concordado. Eu teria dito não. *O que você quer que eu faça? Pois é, não, não vai acontecer.* É muita pressão. É um fardo muito grande. É bem provável que eu fracassasse.

Mas não foi nesse momento que Ele me deu essa missão.

Ele me deu quando comecei a me curar.

À medida que progredimos em nossa jornada de bem-estar emocional, nossa habilidade para *servir* aumenta. À medida que progredimos, nossa capacidade de *oferecer ajuda* aumenta e nossa habilidade para *cuidar* também aumenta.

Deus sabia que eu tinha condições de cuidar dessa missão, por isso me chamou.

Ontem, passei oito horas seguidas dentro de uma sala reunida com um grupo de pessoas que Deus mobilizou em torno dessa missão específica. E sabe como me senti ao voltar para casa após um dia longo e exaustivo?

Energizada.

Animada.

Pronta para outra!

Como isso é possível? Oito horas? Discutindo temas extremamente complexos? Fazendo algo que parece grandioso demais para executar?

Sim: pronta para outra. *Vá em frente, Deus. Vem com tudo.*

Deus quer agir intensamente por meio de nós, para nós; porém, se o ignorarmos ou ficarmos presos às cordas que servem para aproximá-lO de nós e de outras pessoas, estaremos desperdiçando tudo isso: a criação, o amor, a paz, a conexão, a esperança, as melhores partes de nossa curta existência na Terra.

No céu, estaremos completos, livres e bem. Essa promessa será feita para aqueles que confiarem em Jesus. Mas eu quero isso agora. Quero essa plenitude e liberdade para nós hoje, se é que podemos tê-las. E sim, nós podemos!

15

VALE A PENA LUTAR POR SEUS SENTIMENTOS

Não existe uma fórmula pronta para desvendar nossas emoções, mas é possível fazer progressos. Os benefícios da saúde emocional que discuti no capítulo anterior indicam que estamos no caminho certo. É um caminho que vale a pena trilhar — posso garantir isso — e que leva à plenitude, estabilidade emocional e paz.

Há alguns dias, refleti sobre minha própria jornada, uma transformação significativa de Jennie "conserta tudo" para Jennie "sente tudo". Eu não diria que cheguei lá, se é que isso é possível, mas certamente percorri um caminho tão longo que não há como voltar atrás.

Em nossa família de seis pessoas, Kate, minha filha, sempre foi a mais sensível e, de longe, a mais sentimental. Até onde me lembro, enquanto a maioria das pessoas possui um coração, o de Kate sempre a possuiu. Ela sempre se sensibilizou com a dor alheia. Sempre se alegrou com a felicidade dos outros. Sempre se apaixonou com muita facilidade, determinada a esperar o melhor — sempre o melhor. Embora isso possa parecer uma linda maneira de viver, eu me preocupava com ela. Será que ela não se magoaria, não se sentiria ofendida, não seria injustiçada de alguma forma?

Em diversas ocasiões, eu me prontificava a ajudá-la, ansiosa para consertar o que quer que estivesse ruim na vida dela. E, todas as vezes, sem exceção, ela olhou para mim e disse: "Não tente me consertar, mãe".

Para alguém que sempre foi vista como a "consertadora", ouvir isso era frustrante. *Afinal, resolver problemas é o que sei fazer melhor! Talvez a única coisa.*

Eu queria ser a mãe de que Kate precisava — queria mesmo. Só que não estava preparada para isso.

Muitos meses atrás, eu estava sentada em frente a Kate enquanto a ouvia explicar o motivo de sua imensa tristeza. Ela estava chorando enquanto buscava as palavras certas para explicar. Meu bebê, agora casada, estava triste. Naquele momento, foi como se, de repente, eu estivesse vendo essa experiência em uma tela dupla. De um lado, Kate estava lidando com um problema terrível e, de outro, percebi que eu não queria resolvê-lo. Eu apenas estava sentada ali. Só isso. Totalmente presente. Sendo testemunha de suas emoções. Servindo como um lugar seguro para minha menina.

Quando estou em silêncio, sou extremamente autocrítica, e me cobro por ter feito tudo errado durante todos esses anos. *Por que eu simplesmente não fui a mãe de que Kate precisava antes? Por que demorei tanto tempo para aprender isso?*

Algo que sempre me surpreende nessas reflexões é que mesmo se eu tivesse sido a mãe mais perfeita do mundo para Kate, ainda assim não teria conseguido atender a todas as suas necessidades emocionais. O que ela precisava, só Jesus poderia fornecer. E, felizmente, ela se voltou a Ele.

Zac também se voltou para Ele. Hoje, ao finalizar este livro, percebo que muitos dos problemas iniciais foram resolvidos. Ele está saudável, feliz, e todas as características que formam sua personalidade continuam presentes. Zac já estava bem mesmo antes de sua empresa estar em pleno funcionamento. Ele aprendeu a reconhecer, nomear, sentir e compartilhar sentimentos como tristeza e alegria. Eu ainda estou aprendendo, mas é um alívio ver que estamos vivendo um momento repleto de alegrias.

RECENTEMENTE, em um pequeno grupo de pessoas, meu amigo e pastor disse algo que já ouvi inúmeras vezes: "Eu só quero lutar pela alegria". Isso me fez pensar que talvez seja isso que eu queira para mim e para você com este livro. Ou talvez tenha sido isso que, inicialmente, desejei para você.

Mas, enquanto todos compartilhavam seus medos, tristezas, decepções e raivas na noite anterior, eu me senti feliz por estar ali. Cheguei inclusive a dizer: "Fico feliz por ter amigos que também confrontam suas tristezas, iras e medos, porque, de alguma forma, a esperança parece muito mais real nesses momentos do que nos dias em que tudo dá certo e nos sentimos alegres".

Quando penso nas minhas experiências mais significativas com Deus, elas não aconteceram nos dias em que senti alegria. Aconteceram nos dias em que não consegui sair do carro porque estava tomada pelo medo; nos dias em que não consegui trabalhar porque não conseguia parar de chorar; nos dias em que sequer conseguia falar porque estava muito chateada.

> Sim, precisamos lutar para encontrar a felicidade, pois temos muitas coisas pelas quais nos alegrar, ter esperança e agradecer.

No entanto, também precisamos surpreender a todos e nos permitir ficar tristes, irritados e assustados quando for necessário — não porque nosso Deus não seja poderoso o suficiente para superar essas emoções, mas porque Ele é poderoso o suficiente para suportá-las. Nossa fé é grande o suficiente para termos esperança em meio às dificuldades.

Ele nos fez capazes de experimentar alegria, tristeza, medo, ira e muito mais, tudo ao mesmo tempo. Ontem, parte de mim estava com medo de que as mensagens deste livro não fossem tão significativas a ponto de mudar algo em você, enquanto outra parte mal podia acreditar que eu era capaz de escrevê-las. Meu trabalho é ser sua incentivadora e guiar você até Jesus.

Dentro de mim, posso sentir alegria e medo ao mesmo tempo diante da mesma situação. Talvez seja por isso que tantos de nós se sintam deprimidos e ansiosos nos dias atuais. Temos esquecido que podemos sentir medo e alegria, tristeza e esperança ao mesmo tempo. Quando olho para a vida do Zac e para a minha, parte de mim receia o que está por vir — o trabalho, os filhos, as questões pessoais, muitas delas fora de nosso controle. Outra parte mal pode esperar para ver o que Deus nos reserva. É assim que deve ser.

Passei muito tempo sem compreender isso.

Esse novo eu não tem medo das emoções. Sei que elas existem e que surgem de várias maneiras, às vezes por causa de uma situação, outras vezes devido ao meu estado de espírito. Muitas vezes, pelo simples fato de ser humana. Hoje, consigo deixar esses sentimentos se manifestarem. Observo-os. Busco um termo e os nomeio de acordo com o que representam. Deixo que permeiem todos os aspectos de mim mesma, porque aprendi que posso ficar triste sem cair no abismo de escuridão que temi durante toda a minha vida. E se os sentimentos forem importantes o suficiente, posso compartilhá-los com alguém. Se a tristeza se prolongar por tempo demais, decido o que fazer a respeito.

Esse processo não é assim tão ordenado quanto eu fiz parecer. Essa é a parte mais caótica da vida, a menos controlável. Apesar de muitas das emoções terem sido desvendadas, elas ainda flutuam ao sabor do vento, implorando para que alguém segure a outra ponta da corda e traga sentido às coisas.

No entanto, a maturidade que alcancei significa que não preciso mais necessariamente dar sentido às coisas. Não preciso julgá-las. Posso experimentar a intensidade da dor e da felicidade em um mesmo momento. Posso rir e chorar ao mesmo tempo. E tudo isso representa a plenitude de uma vida que eu não trocaria por nada.

Reaprender a sentir me proporcionou as melhores amizades e conversas e renovou minha esperança — a esperança de um dia em que todas as lágrimas serão enxugadas e todos os erros serão corrigidos. O dia em que toda dor será curada para toda a eternidade, em uma conexão plena com Deus e com os outros que O conhecem.

Um dia entenderemos tudo isso. Veremos as coisas como Ele as vê. Enquanto isso, teremos a Deus e uns aos outros, e a chance de viver uma vida plena, com o coração vibrante e cheio de sentimentos, conectados a Deus e uns aos outros. Essa é a vida que eu quero.

Essa é a vida que Ele quer para você.

AGRADECIMENTOS

Este foi o livro mais difícil que já escrevi. Foram tantas emoções que precisei conter! Eu sabia que cada leitor chegaria a este debate de um ponto diferente. Zac disse que é o livro mais corajoso que já escrevi. E eu sinto o mesmo.

Aprendi o segredo da vida: nunca fazer nada sozinha. Quanto mais aterrorizante a tarefa, mais pessoas você precisará ter ao seu redor. Eu contei com um exército.

Em primeiro lugar, às pessoas para quem este livro é dedicado e àquelas com as quais convivo no dia a dia: vocês me permitiram descobrir meus sentimentos de maneira franca e com muita paciência. Minhas amigas riem porque, quase diariamente, enquanto escrevia, eu usava as palavras "*Eu sinto que...*" E, em boa parte desses dias, eu me sentia *triste*, *sobrecarregada* ou *amedrontada*. E vocês ficaram ao meu lado, me escutaram, oraram e sentiram tudo isso comigo, mesmo nos dias mais difíceis.

Obrigada por terem sido as pessoas de confiança, com quem pude contar e compartilhar: Ashley, Lindsey, Jennie E., Julie, Meg, Kat A., Carla, Michelle, Ellen, Liz, Kat M., Jess, Melissa, Toni, Jamie, Ann, Callie e muitas outras! Obrigada por serem tão cuidadosas e por se preocuparem (às vezes mais do que eu) com este trabalho!

Em segundo lugar, Zac Allen: você assumiu o comando durante muitos meses enquanto eu me dedicava exclusivamente a esta obra. E insistiu para que eu compartilhasse sua história aqui, sabendo que ajudaria muitas pessoas e, se possível, muitos homens a buscar saúde emocional. Sua dedicação sincera tem sido um exemplo para mim nesta jornada. Muito obrigada.

Aos meus filhos: vocês sempre me incentivam de maneiras que eu não mereço, especialmente porque esse trabalho às vezes me afasta de vocês. E vocês nunca reclamam; vocês vibram! Vocês se importam. Querem se inteirar de tudo. Querem ler. Isso significa tudo para mim. Conner, Kate,

Charlie, Caroline e Coop: saibam que vocês são a parte favorita da minha vida. Quero ser emocionalmente saudável para vocês! Rezo para ser um porto seguro para todos os seus sentimentos e experiências. Eu amo vocês.

Minha família: Mãe e pai, obrigada por serem tão fortes. Sempre me senti em segurança com vocês, que nos amaram muito e proporcionaram um lar seguro e amoroso para que eu, Brooke e Katie pudéssemos crescer. Vocês foram pais amorosos e generosos! Sou muito grata. E, Carolyn e Randy, vocês criaram meus dois seres humanos favoritos na Terra! Zac é um homem incrível por causa de vocês, e Ashley é minha melhor amiga! Parabéns a vocês quatro por nos amarem tanto!

Chloe, tivemos uma grande jornada nos últimos dez anos. Sei que este projeto não seria possível sem sua contribuição incansável. Você é a melhor parceira de equipe e amiga que alguém poderia desejar! Obrigada por manter a calma quando eu me desespero. Obrigada por manter tudo funcionando enquanto eu me ausento durante meses para trabalhar. Obrigada por seu tempo livre, por me ajudar a pesquisar, ler e editar cada palavra. Sua criatividade molda todo o meu trabalho!

Emily, Terri, Molly e Julia: vocês fazem tudo funcionar e garantem que meu trabalho seja divulgado ao mundo de maneira muito divertida! Obrigada por fazerem parte da equipe e por se empenharem tanto para que esse trabalho ajude as pessoas.

Obrigada, Shae e Lysa, por sempre sonharem comigo e tornarem meu trabalho ainda melhor! Vocês são incrivelmente generosas!

Parker, toda vez que escrever sozinha ficava cansativo demais, eu ligava para você e você interrompia o que estava fazendo para digitar meu texto por um tempo, só para que eu não ficasse sozinha. Você tornou os meses de trabalho muito mais suportáveis. Obrigada por sempre me apoiar em todos os momentos entediantes. Não acredito que você continua concordando com minhas loucuras!

Minha equipe do IF:Gathering, este ano exigiu mais fé e trabalho do que qualquer outro! Vocês assumiram a responsabilidade com dedicação enquanto eu me dedicava à escrita. Sinto muito pelas cobranças adicionais em decorrência de minha ausência. Mesmo assim, vocês prestigiam meu trabalho, participam de brainstorms comigo e me oferecem apoio de maneiras que eu jamais poderia imaginar! Brooke, Bonner, Cheryl, Luke, Hannah M., Amy Bay, Lisa, Jordyn, Hannah B., Hannah R., Caroline (Parker) B., Jessie, Kaley G., Greer, Callie, Halee, Elizabeth, Amanda, Meg, Kayley M., Aly, Traci, Katy, Kristen, Merich, equipe nova e antiga — vocês tornaram isso possível. Obrigada por tudo e vamos em frente com tudo que está por vir!

Equipe da Yates & Yates, obrigada por acreditarem em mim! Às vezes me sinto mais feliz pelas suas conquistas do que pelas minhas. Obrigada por terem assumido o risco; sempre fico feliz que tudo isso tenha valido a pena. Obrigada por me mostrarem reconhecimento e por comemorarem comigo. Sou imensamente grata pelos dez anos que passamos juntos! Curtis e Karen, vocês são uma família para nós. Não consigo nem pensar em como seria minha vida se não tivéssemos nos conhecido muitos anos atrás. Certamente não teria sido a mesma.

WaterBrook, nossa parceria ajudou demais o meu trabalho! Vocês acreditaram em mim mais do que eu mesma. Vocês disseram milhares de sins para que conseguíssemos atingir o mundo inteiro por meio dessa parceria! Obrigado por se dedicar tanto a isso! Eu não poderia ter uma equipe melhor: Tina, Campbell, Bev, Ginia, Jo, Elizabeth, Laura W., Todd, Lori e muitos outros.

E, por último, para Ashley Wiersma e Laura Barker, este livro não existiria nem seria útil sem o amor e o comprometimento de vocês comigo! Ashley, sua ajuda na pesquisa e na concepção deste projeto me fez acreditar que essa era uma boa ideia, e você tornou possível sua realização! Adoro o fato de sermos tão diferentes e sinceras uma com a outra. Isso torna o trabalho ainda melhor! E, Laura, seu esforço incansável e dedicação como editora são inigualáveis!

Embora eu tenha passado muitas horas escrevendo sozinha para trazer este projeto à vida, sempre soube que não estava realmente sozinha. Obrigada por atender minhas ligações malucas e por se importar tanto quanto eu com o fato de que isso é como Deus quer que seja!

NOTAS

CAPÍTULO 1: DE ONDE *ISSO* VEIO?

1. Mary West, "What Is the Fight, Flight, or Freeze Response?", *Medical News Today*, 29 de julho de 2021, www.medicalnewstoday.com/articles/fight-flight-or-freeze-response.

CAPÍTULO 2: CONFUSÃO TOTAL

1. Jonathan Edwards, *Jonathan Edwards' Resolutions: And Advice to Young Converts*. Edição de Stephen J. Nichols (Phillipsburg, N.J.: P&R Publishing, 2001), 17.
2. "What Makes Memories Stronger?", Universidade de Queensland, https://qbi.uq.edu.au/brain-basics/memory/what-makes-memories-stronger.
3. Peter Scazzero, *Emotionally Healthy Spirituality: It's Impossible to Be Spiritually Mature While Remaining Emotionally Immature* (Grand Rapids, Mich.: Zondervan, 2017), 44.
4. Robert Osserman, "Knot Theory", *Encyclopaedia Britannica*, 17 de maio de 2016, www.britannica.com/science/knot-theory.

CAPÍTULO 3: ONDE A CONFUSÃO COMEÇOU?

1. Fiz referência a esse conceito pela primeira vez em meu livro *Encontre sua Tribo*: Tina Payne Bryson, PhD, "When Children Feel Safe, Seen, and Soothed (Most of the Time), They Develop Security", 9 de janeiro de 2020, www.tinabryson.com/news/when-children.
2. Lindsay C. Gibson, *Adult Children of Emotionally Immature Parents: How to Heal from Distant, Rejecting, or Self-Involved Parents* (Oakland, Calif.: New Harbinger, 2015), 164. [Obra publicada no Brasil com o título *Filhos Adultos de Pais Emocionalmente Imaturos: Como se curar de pais que rejeitam ou que são distantes e egoístas*].
3. Jeremias 17:9.
4. Este recurso foi útil em minha pesquisa: J. Alasdair Groves e Winston T. Smith, *Untangling Emotions* (Wheaton, Ill.: Crossway, 2019).
5. *Oxford English Dictionary*, s.v. "asceticism (*n.*)", www.oed.com/search/dictionary/?scope=Entries&q=asceticism.

CAPÍTULO 4: A VERDADE SOBRE OS SENTIMENTOS

1. Jill Seladi-Schulman, "What Part of the Brain Controls Emotions?", Healthline, 24 de julho de 2018, www.healthline.com/health/what-part-of-the-brain-controls-emotions.
2. Adam Hoffman, "Can Negative Thinking Make You Sick?", *Health*, 4 de Janeiro de 2023, www.health.com/condition/heart-disease/can-negative-thinking-make-you-sick.
3. Therese J. Borchard, "7 Good Reasons to Cry: The Healing Property of Tears", PsychCentral, 29 de maio de 2011, https://psychcentral.com/blog/7-good-reasons-to-cry-the-healing-property-of-tears#1.
4. "Exercise: 7 Benefits of Regular Physical Activity", Mayo Clinic, 8 de outubro de 2021, www.mayoclinic.org/healthy-lifestyle/fitness/in-depth/exercise/art-20048389.
5. Pedro 3:9.
6. Isaías 53:3.
7. Consulte Lucas 22:41–44.
8. Consulte Isaías 63:10; Efésios 4:30.
9. Consulte Tiago 4:4–5.
10. Consulte Romanos 8:26.
11. Hebreus 4:15, KJV, ênfase adicionada.
12. Efésios 4:26.
13. Consulte Mateus 5:28.
14. Consulte Romanos 6.

CAPÍTULO 5: ESPECIALISTAS EM MEDIDAS EVASIVAS

1. "GeneSight Mental Health Monitor: Addictive Behaviors," GeneSight, https://genesight.com/mental-health-monitor/ addictive-behaviors.

CAPÍTULO 6: CRIADO PARA SE CONECTAR

1. João 8:31–32, 36.
2. Consulte 1 Coríntios 2:9–11.
3. Êxodo 3:14.
4. Mateus 18:3, NIV.
5. Mateus 5:4.
6. Hebreus 4:15–16.
7. Lucas 4:18–19, NIV.

8. Salmos 51:6, NASB.
9. Gênesis 2:18.
10. Curt Thompson, *Anatomy of the Soul: Surprising Connections Between Neuroscience and Spiritual Practices That Can Transform Your Life and Relationships* (Carol Stream, Ill.: Tyndale, 2010), 99.

CAPÍTULO 7: A PERSPECTIVA DE ALGO MELHOR

1. Consulte Deuteronômio 31:8.

CAPÍTULO 8: SUPERANDO *BEM* AS DIFICULDADES

1. Sanjay Srivastava et al., "The Social Costs of Emotional Suppression: A Prospective Study of the Transition to College", *Journal of Personality and Social Psychology* 96, n. 4 (2009), 883–97, https://doi.org/10.1037/a0014755.
2. Lucy Cousins, "Can Always Staying Positive Be Bad for Our Health?", The Hospitals Contribution Fund of Australia Limited, agosto de 2022, www.hcf.com.au/health-agenda/body-mind/mental-health/downsides-to-always-being-positive.
3. Alguns conceitos presentes neste capítulo foram retirados e adaptados do livro de Lisa Feldman Barrett, *How Emotions Are Made: The Secret Life of the Brain* (Nova York: Mariner, 2017).
4. Marcos 5:34.
5. Mary C. Lamia, "Getting Things Done, Procrastinating or Not", *Psychology Today,* 8 de março de 2017, ww.psychologytoday.com/us/blog/intense-emotions-and-strong-feelings/201703/getting-things-done-procrastinating-or-not.

CAPÍTULO 9: O VOCABULÁRIO DA EMOÇÃO

1. 2 Coríntios 4:8, NIV.
2. Daniel J. Siegel e Tina Payne Bryson, *The Whole-Brain Child: 12 Revolutionary Strategies to Nurture Your Child's Developing Mind* (Nova York: Bantam, 2012), 27.
3. Consulte João 1:38; Mateus 8:26; 14:31; 20:32; João 21:17.
4. Minha abordagem das Quatro Emoções Mais Importantes é, em parte, baseada em minha pesquisa sobre o trabalho do psicólogo clínico e pesquisador Dr. Paul Ekman. Mais informações sobre seu trabalho e suas concepções podem ser encontradas em: www.PaulEkman.com.
5. Consulte João 10:10.
6. Consulte João 10:10.

7. João 15:11.
8. Tiago 1:19.
9. Êxodo 34:6.
10. Consulte Efésios 4:26.
11. Efésios 4:26, NIV.
12. Joseph P. Forgas, "Four Ways Sadness May Be Good for You", *Greater Good Magazine*, 4 de junho de 2014, https://greatergood.berkeley.edu/article/item/four_ways_sadness_may_be_good_for_you.
13. 1 Samuel 13:14.
14. Isaías 41:10; Jeremias 1:8; Mateus 14:27; 10:31, NIV; Lucas 12:32; João 14:27, NIV.
15. Para uma leitura fascinante sobre o assunto, você pode dar uma olhada no livro de Lisa Feldman Barrett, *How Emotions Are Made: The Secret Life of the Brain* (Nova York: Mariner, 2017).
16. Todd B. Kashdan, Lisa Feldman Barrett e Patrick E. McKnight, "Unpacking Emotion Differentiation: Transforming Unpleasant Experience by Perceiving Distinctions in Negativity", *Current Directions in Psychological Science* 24, n. 1 (2015), 10–16, https://doi.org/10.1177/0963721414550708.

CAPÍTULO 10: DÊ A SI MESMO UM POUCO DE ESPAÇO

1. Tiago 1:2–4.
2. Gabor Maté, *When the Body Says No: Exploring the Stress-Disease Connection* (Hoboken, N.J.: Wiley, 2003), 166.
3. Brett Ford, citado em Marianna Pogosyan, "Can Emotions Be Controlled?", *Psychology Today,* 27 de novembro de 2018, www.psychologytoday.com/us/blog/between-cultures/ 201811/can-emotions-be-controlled.
4. David P. Murray, *Christians Get Depressed Too: Hope and Help for Depressed People* (Grand Rapids, Mich.: Reformation Heritage, 2010). [Obra publicada no Brasil com o título *Crente Também Tem Depressão*].

CAPÍTULO 11: VOCÊ NÃO ESTÁ SOZINHO NESSA

1. Guy Vingerhoets, "Our Emotional Brains: Both Sides Process the Language of Feelings, with the Left Side Labeling the 'What' and the Right Side Processing the 'How'", Associação Americana de Psicologia, 2003, www.apa.org/news/press/releases/2003/01/emotionalrains.
2. Gálatas 6:2.
3. Mateus 11:30.
4. Consulte João 16:33, NIV, e Mateus 16:24.

5. João 11:21.
6. João 11:25–26.
7. Consulte João 11:33–35.
8. Romanos 12:15, NIV.
9. Romanos 5:3–5, NKJV.

CAPÍTULO 12: O QUE FAZER COM SEUS SENTIMENTOS

1. 1 Pedro 5:7, NIV.
2. "U.S. Teen Girls Experiencing Increased Sadness and Violence", Centros de Controle e Prevenção de Doenças, 13 de fevereiro de 2023, www.cdc.gov/media/releases/2023/p0213-yrbs.html#print.
3. Mateus 7:7.
4. João 8:32.
5. Salmos 126:5.
6. Mateus 5:4.
7. João 16:33, NIV.
8. Consulte Salmos 34:18.

CAPÍTULO 13: LIDANDO COM PROBLEMAS PERSISTENTES

1. "Endocrine System", Cleveland Clinic, 12 de maio de 2020, https://my.clevelandclinic.org/health/articles/21201-endocrine-system#:~:text=The%20hormones%20created%20and%20released.
2. Blaise Pascal, *Pensées* (Mineola, N.Y.: Dover, 2003); consulte também Blaise Pascal, "Section II: The Misery of Man Without God", tradução de. W. F. Trotter, *Pensées*, www.leaderu.com/cyber/books/pensees/pensees-SECTION-2.html.
3. Linda Stone, "Beyond Simple Multi-Tasking: Continuous Partial Attention", LindaStone.net, 30 de novembro de 2009, https://lindastone.net/2009/11/30/beyond-simple-multi-tasking-continuous-partial-attention. Conheci este conceito pela primeira vez no livro de Brian Mackenzie, Andy Galpin e Phil White, *Unplugged: Evolve from Technology to Upgrade Your Fitness, Performance, and Consciousness* (Las Vegas: Victory Belt, 2017), 83.
4. Eva Selhub, "Nutritional Psychiatry: Your Brain on Food", Harvard Health Publishing, 18 de setembro de 2022, www.health.harvard.edu/blog/nutritional-psychiatry-your-brain-on-food-201511168626.
5. Yuri Elkaim, "The Truth About How Much Water you Should Really Drink", *U.S. News and World Report,* 13 de setembro de 2013,

https://health.usnews.com/health-news/blogs/eat-run/2013/09/13/the-truth-about-how-much-water-you-should-really-drink.

6. Linda Searing, "The Big Number: The Average U.S. Adult Sits 6.5 Hours a Day. For Teens, It's Even More", *The Washington Post,* 28 de abril de 2019, www.washingtonpost.com/national/health-science/the-big-numberthe-average-us-adult-sits-65-hours-a-day-for-teens-its-even-more/2019/04/26/7c29e4c2-676a-11e9-a1b6-b29b90efa879_story.html.
7. John Anderer, "Even a Few Minutes of Daily Light Exercise Can Lower Depression Risk", StudyFinds, 12 de julho de 2023, https://studyfinds.org/few-minutes-exercise-depression.

CAPÍTULO 14: LIVRE PARA SENTIR

1. Eugene H. Peterson, *Run with the Horses: The Quest for Life at Its Best* (Downers Grove, Ill.: InterVarsity, 2019), 148.
2. Consulte Romanos 7:15.
3. Salmos 91:1–4, NIV.
4. "The Serenity Prayer and Me", Alcoólicos Anônimos, www.alcoholics-anonymous.org.uk/Members/Fellowship-Magazines/SHARE-Magazine/December-2019/The-Serenity-Prayer-and-Me.
5. Eclesiastes 3:1–8.
6. Para saber mais sobre esse assunto, adquira uma cópia do livro de Curt Thompson, *The Soul of Desire: Discovering the Neuroscience of Longing, Beauty, and Community* (Downers Grove, Ill.: InterVarsity, 2021).

ÍNDICE

A

B

C

D

E

F

G

H

I

J

L

M

N

O

P

Q

R

S

T

V